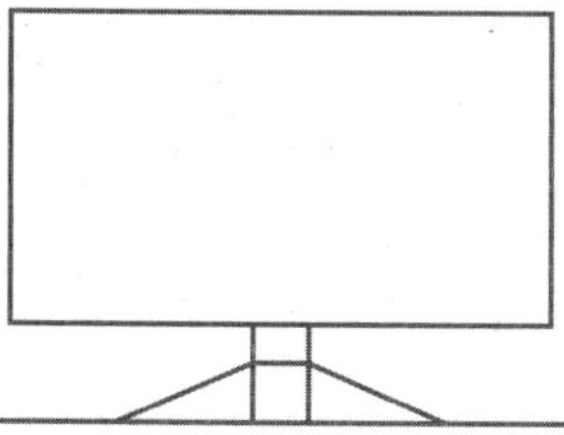

企业财务管理操作实务

熊玲◎著

中国商业出版社

图书在版编目（CIP）数据

企业财务管理操作实务 / 熊玲著. -- 北京 : 中国商业出版社, 2023.6
ISBN 978-7-5208-2504-7

Ⅰ. ①企… Ⅱ. ①熊… Ⅲ. ①企业管理－财务管理 Ⅳ. ①F275

中国国家版本馆 CIP 数据核字（2023）第 098069 号

责任编辑：孔祥莉

中国商业出版社出版发行
（www.zgsycb.com 100053 北京广安门内报国寺1号）
总编室：010-63180647　编辑室：010-83128918
发行部：010-83120835/8286
新华书店经销
三河市京兰印务有限公司印刷
*
710 毫米 ×1000 毫米　16 开　13.5 印张　213 千字
2023 年 6 月第 1 版　2023 年 6 月第 1 次印刷
定价：68.00 元
* * * *
（如有印装质量问题可更换）

前　言

在生产经营活动中，企业财务管理水平的高低对企业生产经营规模的大小以及市场竞争能力的高低起着重要作用。然而，绝大部分企业尚没有意识到企业财务管理对提高企业的经济实力、推动企业的发展有决定性的作用。

为了提升企业的管理思想，也为了充分发挥企业财务管理的作用，更为了帮助广大企业管理者、财会行业从业者等实现知识的更新，笔者编写了此书。

本书主要有以下两个特点：

知识全面，内容深入。本书对企业财务管理方面的知识进行了系统全面的阐述，无论你想了解企业财务管理哪方面的知识都可以从此书中找到。

层次清晰，重点突出。本书共有10个章节，每个章节都涉及一个关于企业财务管理方面的知识点，并配以图表，具有很强的操作性和实用性，让你能够快速找到所需内容，提升财务管理水平。

本书主要包含以下内容：

第一章 企业财务管理概述——详细介绍企业财务管理环境、目标、原则等内容。

第二章 企业财务风险与漏洞——分别从影响因素、法律风险、管理漏洞阐述企业财务可能面临的问题。

第三章 关于企业财务战略——对企业财务战略的特征、类型、如何选择和制定进行阐述。

第四章 关于企业资本结构——包括资本结构的构成、特征、影响因素等一系列内容。

第五章 关于企业投资——分别从投资价值的衡量、方式的选择、决策的基础进行阐述。

第六章 关于企业融资——对不同企业、不同类型的融资方法以及融资成本估算、如何打破瓶颈进行阐述。

第七章 关于企业营运资本——包括运营资本的基本内容、管理原则、配置等一系列问题。

第八章 关于企业现金流量——包括现金流量的基本内容、价值影响、影响因素等内容。

第九章 关于企业利润——包括利润的构成、分配方式、分配原则等内容。

第十章 关于企业价值和财务分析——对企业价值的表现形式以及财务分析的主客体、方法进行阐述。

本书对财务管理方面的实际操作知识和技巧进行了全面、系统、清晰的介绍。为了方便广大读者学习，本书除了用通俗易懂的文字对企业财务管理方面的知识进行讲解之外，还配以图表和案例进行解释说明，力求让读者在最短的时间内掌握企业财务管理方面的专业知识，更能学以致用。

目 录

第一章

企业财务管理概述

第一节 企业财务管理环境

企业财务管理环境，指的是对企业财务活动、财务管理具有影响作用的因素，包括内部因素和外部因素两方面。

企业财务管理环境又分为微观理财环境和宏观理财环境。

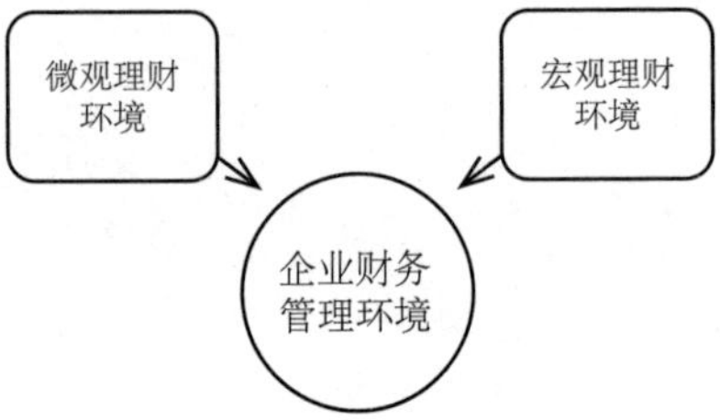

图 1.1.1 企业财务管理环境的构成

1. 微观理财环境

微观理财环境指的是对企业的财务管理活动具有影响作用的微观因素的总和。例如企业的生产规模、企业的经营模式、企业的员工素质、企业的组织形式等。

在中国经济体制改革的过程中，逐步建立了更适应市场经济的现代企业制度，这种现代企业制度具有产权清晰、权责明确、管理科学等特点。与此同时，企业的生产经营方式也发生了转变，即由生产经营型转变成了资本运营型。经过一系列的转变，财务管理成为企业经营管理的中心，企业经营管理的目标由企业财务管理目标决定。在微观理财环境下，企业需要获得最大利润以及争取增加企业的价值。

2. 宏观理财环境

宏观理财环境指的是对企业财务管理活动具有影响作用的宏观因素的总和。一般包括法律环境、金融环境、经济环境以及政治环境。

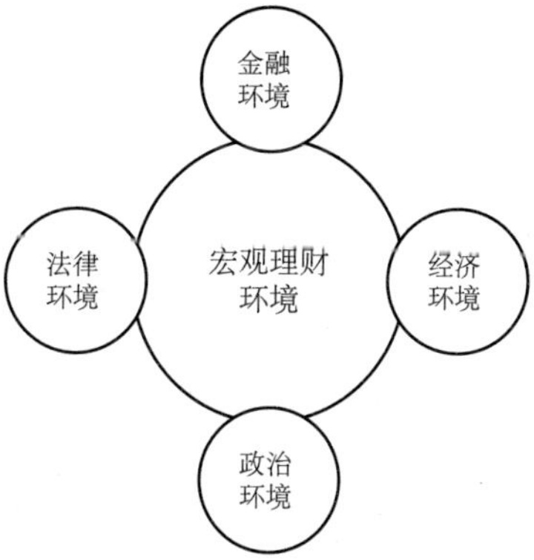

图 1.1.2 宏观理财环境

(1)法律环境

法律环境指的是在企业与外部发生经济关系的时候，需要遵守相关的法律、法规以及规章。比如，《中华人民共和国公司法》（以下简称公司法）、《中华人民共和国民法典》《中华人民共和国税法》（以下简称税法）、《企业财务制度》等，都是企业在进行筹资、投资以及利润分配等财务活动时需要遵守的法律法规。

(2)金融环境

企业的理财活动与金融市场之间有着密切的关系：

① 企业可以通过金融市场进行筹资和投资，且筹资方式多样。

② 当企业需要资金的时候，企业可以采用适宜的方式到金融市场进行筹资；当企业有了剩余资金的时候，企业可以采用灵活的方式到金融市场进行投资。

③ 企业不仅可以在金融市场上将长期资金和短期资金实现转化，金融市场还可以将有效理财信息提供给企业。

④ 资金的供求状况可以通过金融市场利率的变动反映出来，投资人对企业经营状况的评价以及对盈利水平的评价可以通过有价证券市场的行市反映出来。

（3）经济环境

经济环境包括很多，如经济发展水平、通货膨胀、经济体制等。在对企业财务管理活动具有影响作用的各个外部环境中，经济环境尤为重要。

经济发展速度对企业的影响很大：经济增长的速度越快，企业就越需要筹集更多的资金。为了调整生产经营，企业财务人员需要对企业的经济发展情况进行分析，并根据分析的结果筹集足够的资金，然后对资金进行分配。

（4）政治环境

政治环境主要包括社会的安定程度、政府机构的管理水平、经济政策的稳定性等。政治环境对企业的财务管理活动影响巨大。社会和平稳定，政府制定的各项经济政策充分落实执行，对企业的财务管理是极其有利的，企业可以放心进行财务规划和资金安排。

任何事物的存在和发展都离不开环境，企业的财务管理活动同样也不例外。所有的财务管理手段和管理方法都要以企业所处的财务管理环境为基础，在财务管理活动中，为了实现企业的财务管理目标，企业一定要不断审视和评估财务管理环境。

第二节　企业财务管理目标

企业财务管理目标是企业所有财务活动的出发点和归宿，对企业的财务管理起着决定性的作用。

企业财务管理目标指的是企业通过财务管理活动想要得到的成果。企业财务管理目标可以分为四种，分别为利润最大化目标、股东财富最大化目标、企业价值最大化目标、相关者利益最大化目标。

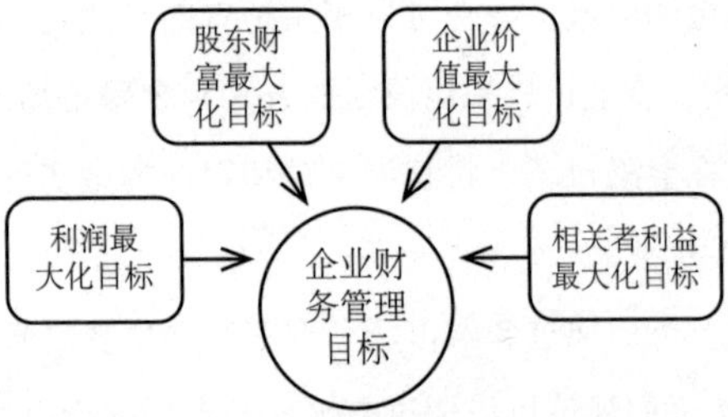

图 1.2.1　企业财务管理目标

1. 利润最大化目标

利润最大化目标，就是企业将获得利润当作追求的目标，一切财务管理活动都是朝着最大限度获得利润的方向发展。

以利润最大化作为企业财务管理目标，具有以下三个优点：

（1）产出与投入的差值是剩余产品，而剩余产品的多少也可以直接通过利润反映出来。

（2）企业的资源可以得到合理配置。

（3）可以提高企业的整体经济效益。

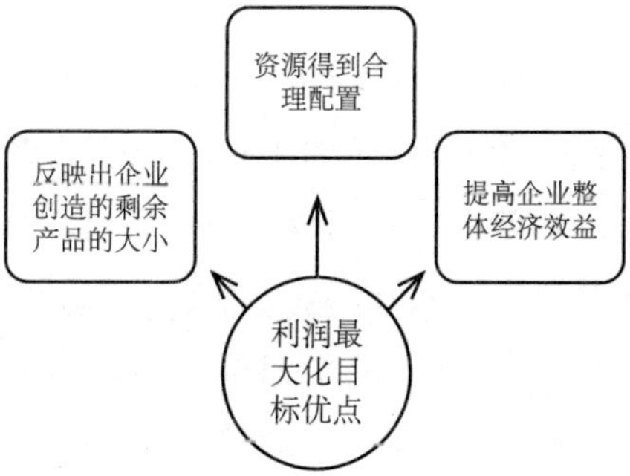

图 1.2.2 利润最大化目标优点

企业获得的利润越多，说明企业拥有的财富越多，企业便越接近目标。虽然将利润最大化当成企业财务管理的目标在一定程度上提高了经济效益，但是这也存在一些缺点：

（1）忽略了利润实现的时间，以及资金的时间价值。

（2）投入的资本也是有成本的，如果投资成本高于投资者获得的收益，那么就算实现了利润最大化，所有者的财富也会减少。因此，只将利润最大化当成企业管理的目标，是无法反映投入的资本和创造的利润两者之间关系的。

（3）忽略了风险因素，毕竟企业获得的利润额度越高需要承担的风险就越大。

（4）片面追求利润最大化，在一定程度上会影响企业财务决策，导致企业盲目追求短期利益，影响企业长远的发展。

忽略了创造利润的时间以及资金的时间价值

没有反映创造的利润与投入资本之间的关系

忽略了风险因素

片面追求利润最大化，影响企业长远发展

图 1.2.3 利润最大化目标缺点

2. 股东财富最大化目标

股东财富最大化目标，顾名思义就是将股东财富最大化作为企业财务管理的目标。

公司所拥有的股票数量和股票市场价值是决定股东财富多少的两个因素。股票市场价值和股东财富成正比，也就是说在股票数量一定的情况下，股票价格越高，股东财富就越大。当股票价格达到最高时，股东财富也会达到最大。

与利润最大化目标相比，股东财富最大化目标具有以下三个优点：

（1）将风险因素考虑在内，股票市场对于风险往往能够做出敏锐反应。

（2）在一定程度上避免企业短期财务决策倾向，因为对股票价格造成影响的不仅有目前的利润，还有预期未来的利润。

（3）对上市公司而言，股票价格越高，股东财富就越大，因此，股东财富最大化目标比较容易量化，在考核和奖惩方面比较便捷。

考虑了风险因素

避免了企业短期行为

容易量化，在考核和奖惩方面比较便捷

图 1.2.4 股东财富最大化目标优点

虽然股东财富最大化目标确实具有积极的意义，但是该目标仍存在缺点：

（1）适用范围受限，只适用于上市公司。

（2）由于影响股票价格的因素有很多，所以股票价格不能完全准确地将企业财务管理的状况反映出来。

（3）将股东利益放在第一位，忽视了其他相关者的利益。

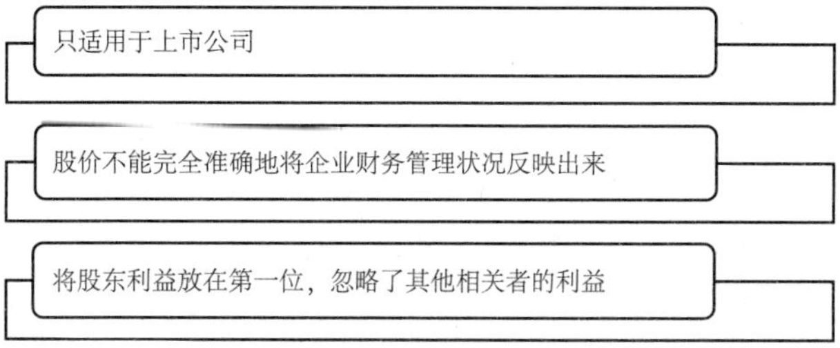

图 1.2.5 股东财富最大化目标缺点

3. 企业价值最大化目标

企业价值指的是企业的市场价值。企业价值最大化指的是通过合理的财务经营，采用最优的财务结构，让企业的市场价值达到最大。

企业价值最大化目标能够将企业潜在的获利能力、成长能力，或者预期的获利能力、成长能力反映出来。该目标的优点如下：

（1）没有忽略资金的时间价值以及风险与报酬的关系。

（2）考虑更多的是企业长期稳定的发展和持续获利的能力，有效规避了企业管理上的片面性和企业的短期行为。

（3）将价格用价值代替，减少了外界市场因素影响的同时，还有效防止了企业的短期行为。

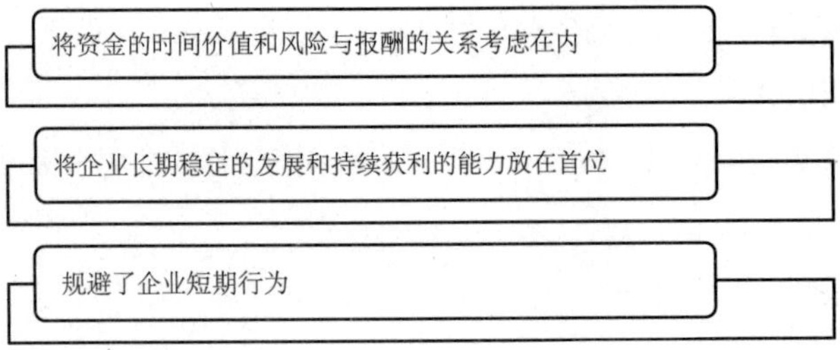

图 1.2.6 企业价值最大化目标优点

虽然企业价值最大化目标优点显著，但缺点也很显著：

（1）不适用于非上市公司，因为非上市公司没有股份，所以企业的价值难以衡量。

（2）由于比较倾向于理论化，因此操作起来比较困难。

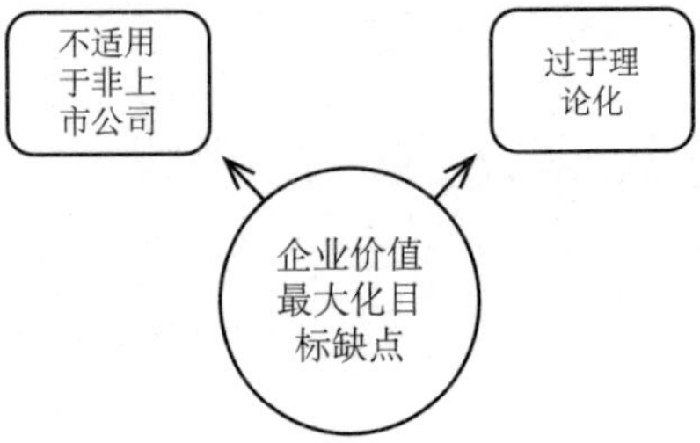

图 1.2.7 企业价值最大化目标缺点

4. 相关者利益最大化目标

现代企业是一个由包括企业、股东、政府、客户等在内的多个利益相关者组成的复合体，组织财务活动、处理财务关系都需要通过财务管理这项经济管理工作进行。因此，应该从更广泛、更长远的角度找到一个更为合适的财务管理目标，这就是相关者利益最大化。

相关者利益最大化目标的基础思想是在保证企业长久稳定发展的前提下，在企业价值增值中将满足以股东为首的各利益群体的利益放在首位。

以相关者利益最大化作为企业财务管理目标，具有以下四个优点：

（1）有利于企业可持续发展。

（2）对企业经济效益和社会效益统一的实现有积极的影响作用，让合作共赢的价值理念得到了充分体现。

（3）该目标是一个集多元化、多层次于一体的目标体系，因此能够将各利益主体的利益兼顾到位。

（4）前瞻性和现实性的统一得到了充分体现。

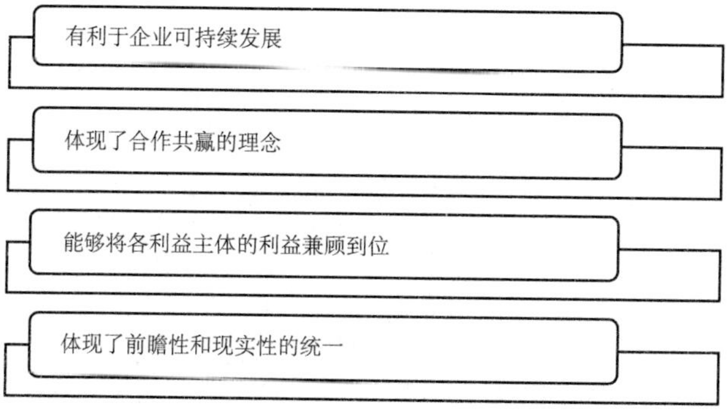

图 1.2.8 相关者利益最大化目标优点

以相关者利益最大化作为企业财务管理目标也有缺点：

（1）只适用于上市公司，因为股票价格的高低源于资本市场。

（2）在特殊经营时期，如果企业想要让相关者获得的财富最大化，这种情况几乎是不可能的，企业唯一能做到的就是尽可能进行协调。

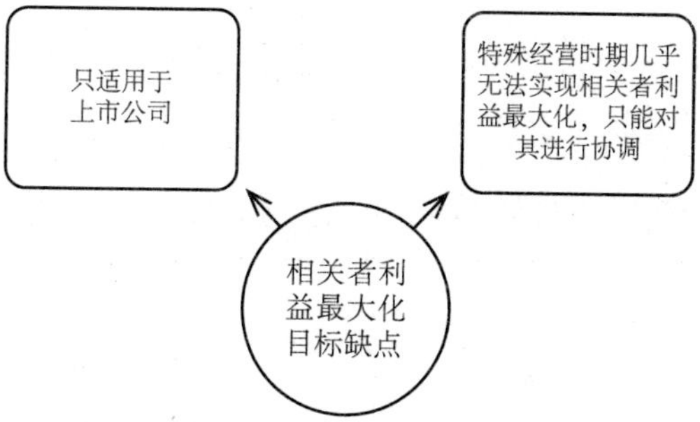

图 1.2.9 相关者利益最大化目标缺点

一般而言，企业财务管理的方向由财务管理目标决定，因此企业一定要明确财务管理目标。

第三节 企业财务管理内容

企业财务管理内容包括筹资管理、投资管理、营运资金管理、利润分配管理四个方面。

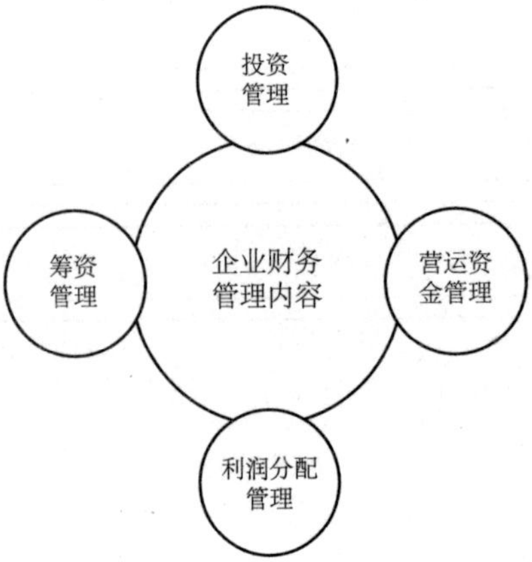

图 1.3.1 企业财务管理内容

1. 筹资管理

筹资管理指的是企业在满足其生产经营、对外投资以及调整资本结构需要的情况下，运用筹资方式，为企业经营筹措资金的财务行为。其目的就是让企业的资金需求得到满足，有效降低企业的资金成本。

企业筹措的资金分为权益资金和负债资金两类。

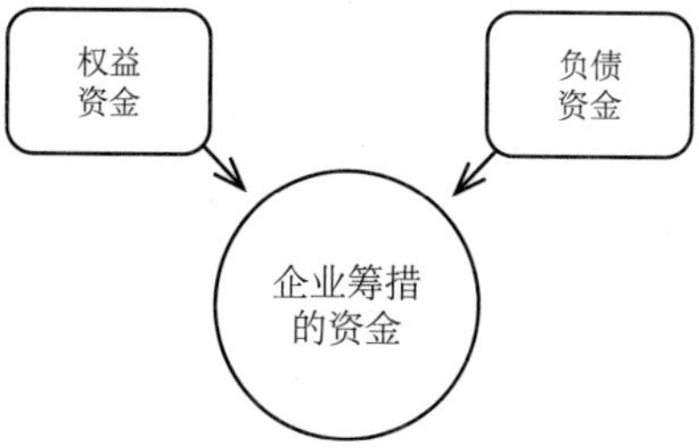

图 1.3.2 企业筹措的资金分类

（1）权益资金

企业可以通过发行股票、吸收直接投资、企业内部留存收益等途径获得权益资金。

（2）负债资金

向银行借款、发行债券、应付款项等都是企业可以获得负债资金的途径。

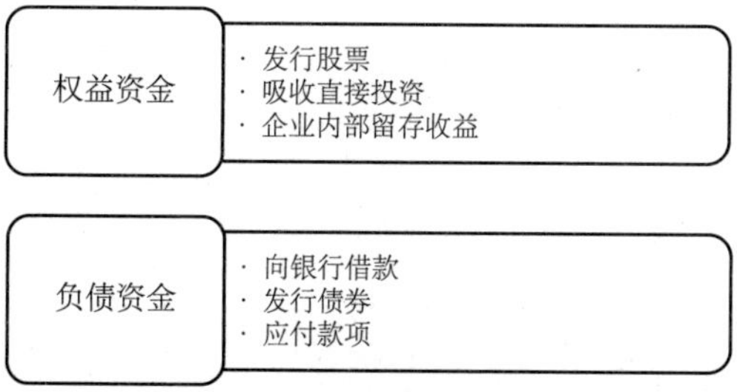

图 1.3.3 资金的获取途径

2. 投资管理

投资管理指的是对既能满足收回现金又能取得收益双重目的而发生的现金流进行管理。

3. 营运资金管理

企业需要对两方面的资金进行管理：一方面管理企业的流动资产，另一方面管理企业的流动负债。

流动资产指的是可以在不低于一年的营业周期内实现变现或运用的资金。流动资产的特点包括周转快、易变现等，从一定程度上讲，企业拥有的流动资产越多，越能够有效规避财务风险。流动资产包括货币资金、短期投资、应收票据、应收账款和存货等。

流动负债指的是需要在不低于一年的营业周期内偿还的债务。流动负债的特点包括成本低、偿还期短等，如果企业对流动负债管理不当，企业将会面对不小的风险。流动负债包括短期借款、应付票据、应付账款、应付工资、应付税金及未缴利润等。

表 1.3.1 流动资产和流动负债区别对比

管理对象 对比	流动资产	流动负债
定义	能够实现变现或运用的资金	需要偿还的债务
特点	周转快、易变现	成本低、偿还期短
利弊	从一定程度上讲，企业拥有的流动资产越多，越能够有效规避财务风险	如果管理不当，企业将面临不小的风险
主要包括	货币资金、短期投资、应收票据、应收账款和存货等	短期借款、应付票据、应付账款、应付工资、应付税金及未缴利润等

4. 利润分配管理

利润分配管理指的是对企业净利润分配进行管理。企业在进行利润分配管理时需要注意两个问题：一个是分配政策要合理，另一个是各项财务关系要处理得当。

企业财务管理为企业管理奠定了基础，更为企业内部管理提供了纽带。因此，企业一定要明确财务管理的内容。

第四节 企业财务管理原则

财务管理原则是企业在进行财务活动、处理财务关系时需要遵守的基本行为准则。

财务管理的原则包括:系统原则,现金收支平衡原则,成本、收益、风险权衡原则,管理原则以及委托代理关系原则。

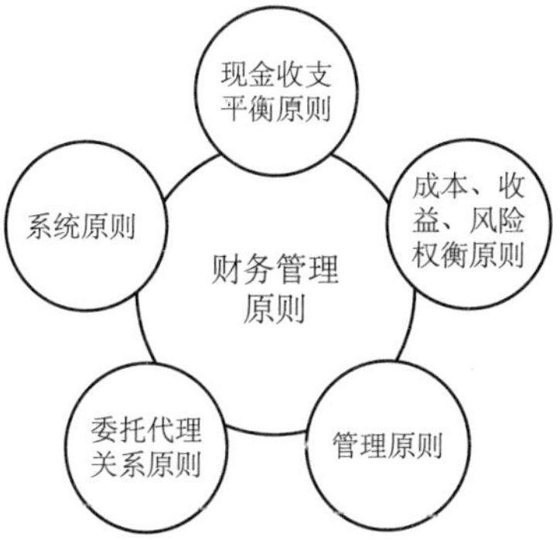

图 1.4.1 财务管理原则

1. 系统原则

企业管理系统由多个子系统组成,财务管理就是其中一个子系统。财务管理又由筹资管理、投资管理、分配管理等子系统构成,这就要求在进行财务管理时一定要坚持系统原则。具体需要做到以下几点:

(1)在对系统进行整体优化时,某个子系统最优不代表系统是最优的,只有整体最优,系统才算最优。也就是说,企业在进行财务管理时要以企业整体战略为出发点,各子系统要相互配合,以企业财务管理目标为中心。实行分权管理的企业对待利益方面必须以整体利益为主,各部门利益为辅。

(2)在对系统进行结构优化前必须明确每个系统都是一个层级系统,拥有一定的层次结构。因此,为了使系统得到整体优化,企业在进行资源配置时一定要注意结构比例优化。

(3)财务管理系统要保持适当的弹性。理财环境不是一成不变的,财务管理系统需要保持适当的弹性以及极强的环境适应能力。

2. 现金收支平衡原则

财务管理采用收付实现制，这就要求企业在进行理财过程中的现金收入与现金支出，无论是在数量上，还是在时间上都需要做到动态平衡。企业的业务比较复杂，比如获得收入的前提是发生支出，投资的前提是融资，负债本息的偿还支付及红利分配建立在企业经营获利或者获得新的资金来源的基础之上。但是，无论企业的业务如何复杂，企业都需要做到现金收支平衡。采用现金预算控制方法，合理分配现金收入或现金流出，能够让收支保持平衡。

3. 成本、收益、风险权衡原则

只有付出成本才能获取收益，在付出成本获取收益的同时也会面临风险。可见，成本、收益、风险三者之间是一种既相互联系又相互制约的关系。因此，企业在进行财务管理时一定要秉承成本、收益、风险三位一体的理念。具体需要做到以下几点：

（1）成本、收益权衡

企业在进行财务管理时，一定要将成本和收益进行权衡。比如在筹资管理时将筹资成本与筹资收益进行权衡，在长期投资管理时将投资成本和投资收益进行权衡。

（2）收益、风险权衡

收益与风险之间基本的关系是：高收益——高风险，低收益——低风险。需要注意的是，高风险不一定能够给企业带来高收益，也可能会让企业面临高损失的局面。虽然权衡收益与风险是一件比较困难的事情，但企业仍要认真权衡。比如在筹资管理时，进行财务杠杆收益与财务风险的权衡；在分配管理时，进行再投资收益和再投资风险的权衡。

通常情况下，收益与风险之间存在一种矛盾的关系，企业想要获得高收益往往需要面临极大的风险。如果风险过大，企业未来获利能力会被削弱，风险过小可能又会阻碍企业的发展。因此，在权衡收益与风险时要秉承一个原则：在风险一定时，尽可能让收益达到一个较高的水平；当收益一定时，尽可能将风险控制在一个较低的水平。

（3）综合权衡成本、收益、风险

在财务管理过程中，不能将成本、收益权衡与收益、风险权衡单独分裂开来，而是要综合权衡三者。权衡就是优化，企业财务决策的过程就是优化的过程。因此，在企业财务管理中，无论是整体优化还是结构优化都体现了成本、收益、风险的综合权衡。

4. 管理原则

全面协调，科学管理。比如管理物资和管理资金结合、使用资金和管理资金结合等，采取各部门、各层级共同承担责任的财务管理方式，将各项管理措施落实到位、落到实处。

5. 委托代理关系原则

顾客与公司、债权人与股东、股东与经理等这些关系都包含在委托代理关系中。企业与这些关系人之间是一种相互依赖又相互冲突的利益关系，需要通过合约进行协调。并且企业需要建立一套比较完整的约束机制，监督合约的执行情况。

企业财务管理原则规范了企业财务管理活动的行为，为企业财务管理活动提供了行动指南。企业在进行财务管理活动时，一定要秉承企业财务管理原则，这样才能顺利地完成企业财务管理目标。

第五节 企业财务管理职能

财务管理的性质决定了财务管理的职能。从根本上来看，企业财务管理是一项经济管理工作，因此，与其他经济管理工作相比，财务管理有着与其相同的共有职能，但同时又有着不同于其他经济管理的独特职能。

企业财务管理职能指的是企业财务管理工作具有的功能，归纳起来主要有以下三个职能：财务决策职能、财务计划职能、财务控制职能。

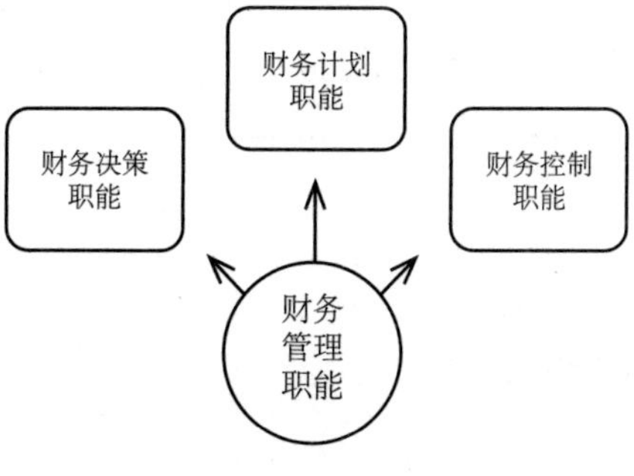

图 1.5.1 财务管理职能

1. 财务决策职能

财务决策职能指的是企业财务人员综合考虑企业经营目标以及财务管理目标后，从多个财务活动备选方案中选出一个最佳的方案。

财务决策的流程一般包括：⑴确定财务决策的目标；⑵制定若干个可以实现财务决策目标的方案；⑶将若干个方案进行比较；⑷选出可以实现财务决策目标的最佳方案。

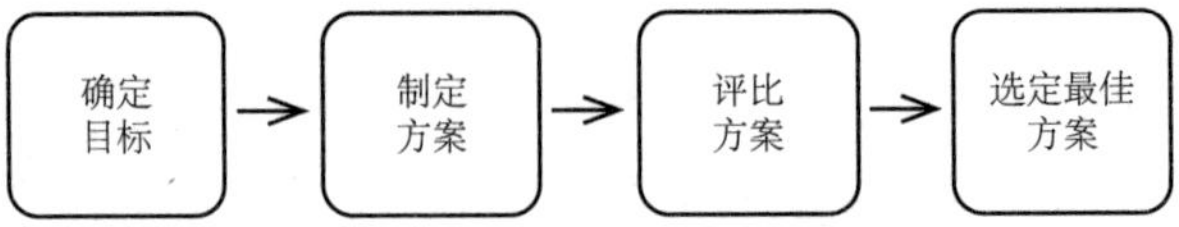

图 1.5.2 财务决策的流程

2. 财务计划职能

财务计划职能指的是财务人员对企业未来一定时间段内的财务管理活动做出的预测，预测的内容包括现金流量状况、经营成果状况、财务状况。

财务计划一般包括资金需要量计划、成本和费用计划、材料采购计划、生产和销售计划、利润计划、财务收支计划等。

编制财务计划的流程一般包括：⑴以企业发展规划为前提，将财务收支的总体规划制订出来；⑵对需要和可能进行协调，最终达到综合平衡；⑶根据审核、协调的结果，制订出可执行的具体计划。

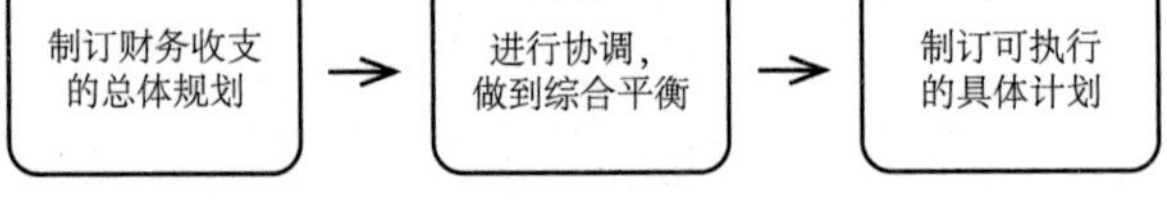

图 1.5.3 编制财务计划的流程

3. 财务控制职能

防护性控制，即为了确保财务目标能够实现，在财务活动发生之前便采取有效措施。例如，建立合理的组织结构、科学分工、进一步完善规章制度。

（1）前馈性控制

前馈性控制，即为了能够预测到可能出现的偏差，也为了能够在第一时间采取财务措施、消除偏差，在财务活动中运行系统、科学的监督。

（2）反馈性控制

反馈性控制，即在财务活动结束后，通过追踪、记录、计量财务活动的运行结果，及时发现、找到实际和计划之间的差异，弄清楚造成差异的原因后，采取对应的措施消除差异，或让类似的问题不再发生。

企业财务管理的财务决策职能、财务计划职能、财务控制职能不是独立存在的，三者之间存在相辅相成的关系。在市场经济条件下，财务决策是财务管理的核心。基于此，财务管理的基本职能是财务决策。财务计划不仅将财务决策具象地表现出来，更为财务控制提供了依据，而财务控制为财务计划的实现提供了保障。

第六节 企业财务管理制度

企业财务管理制度是企业在国家现行有关法律、法规以及财会制度基础上，结合自身具体的情况而制定的，在实际工作中对企业起着规范、指导的作用。

接下来将从五个方面介绍企业财务管理制度。

1. 企业财务管理制度的具体内容

完整的企业财务管理制度一般包括以下三个内容：

（1）会计组织结构和岗位职责。

（2）会计凭证、会计账户、账簿、会计记账程序、会计结账程序和会计报表。

（3）根据经营业务的循环特点分类的会计处理程序。

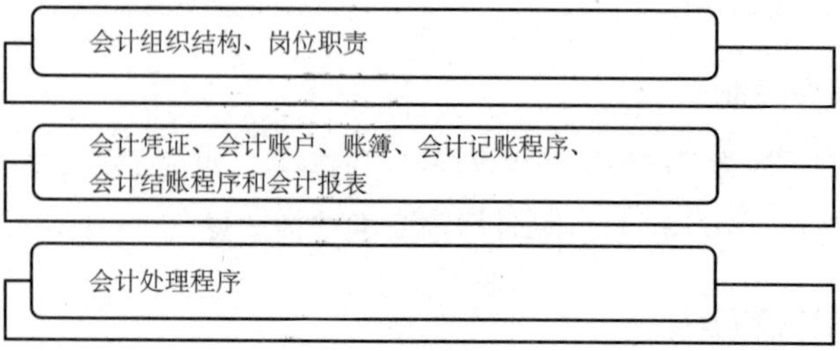

图 1.6.1 企业财务管理制度的具体内容

2. 企业财务管理制度的分类

企业财务管理制度包括以下三类:

(1) 会计组织系统

会计组织结构、会计组织结构下设置的岗位以及划分的职责都包含在会计组织系统中。

(2) 会计业务处理系统

会计业务处理系统为各类业务规定了会计处理程序。各类业务内部控制要求，会计信息传递程序、处理环节，凭证、账簿、报表的编制，流转与归档的过程等都包含在该系统中。

(3) 会计信息系统

会计信息系统包括两方面的内容，虽然都是关于会计信息的要求，但是一个是核算和报表的指标要求，另一个是收集、分类、记录、传递的载体要求。

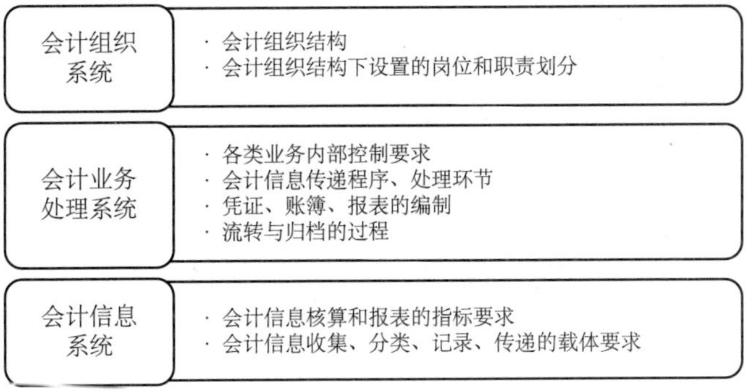

图 1.6.2 企业财务管理制度的分类

3. 企业财务管理制度的作用

企业财务管理制度是提高企业经济效益的内在性要素，为企业的经济活动提供了一套行为规范。

企业财务管理制度的主要作用如下：

（1）降低财务管理行为中的费用

企业财务管理制度能够对人们的行为进行规范，让财务管理行为中的费用得到降低，并将有效服务提供给企业的各项经营管理活动，如此一来，经济行为人便能够合理稳定地预期自己的行为，不做出腐败的行为。

（2）为实现合作创造条件，为顺利合作提供保障

企业财务管理制度一方面能够将行为约束的信息提供给人们；另一方面能够将人与人之间的关系进行规范，让信息成本和不确定性减少，此外还能把激励约束机制的兼容程度进一步提高。为实现合作创造条件，为顺利合作提供保障。

（3）提供激励机制，且这种激励机制是持续的、制度化的

企业财务管理制度让个人的收益率与社会收益率不断靠近，将经济行为人付出的成本和得到的收益联系起来，进而对各项活动的创新者给予最大限度的激励和奖励。

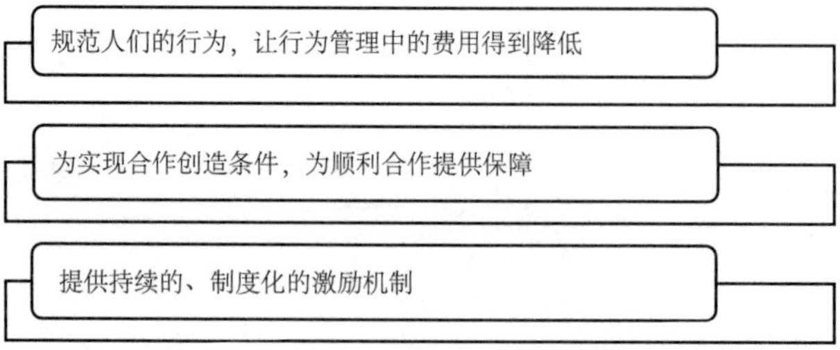

图 1.6.3　企业财务管理制度的作用

4. 企业财务管理制度的写作要求与格式

（1）企业财务管理制度的内容格式要求

首部和正文两个部分组成了一个完整的财务管理制度，财务管理制度具体的写作格式和要求如下：

① 首部

首部就是标题，它由三部分组成，分别是发文机关、发文事项以及文种类别。有时候可以只写发文事项和文种类别，省略发文机关（适用范围），或者用括号标注在标题的下方。

② 正文

财务管理制度的正文由三部分组成，各部分的写作要求如下：

第一部分要将制发制度的理由写清楚，并用“特制定本制度”一语承接上文，开启下文。

第二部分要将各项具体条文写清楚，且需要将各项具体条文分条写作。

第三部分要写的内容包括实施范围、生效日期、修订权、解释权等。需要注意的是，如果所写的内容比较多，需要将这些内容分章节进行撰写。

第一部分和第三部分的内容要简明扼要，第二部分的内容要具体、切实。

（2）企业财务管理制度具体写作要求

企业财务管理制度具体写作要求如下：

① 规范项目不仅要明确具体，还要与各部门的实际工作相匹配。

② 财务管理制度与守则存在很大的差异，因为它有着强制作用，所以各项条文必须具体且周密严谨。

③ 在书写财务管理制度时，要将内容写得通俗易懂、具体准确。

④ 财务管理制度要条理清晰，尽可能考虑到条与条、款与款之间的操作顺序以及逻辑关系。

⑤ 财务管理制度前后内容要保持一致，不能破坏制度的严肃性。

5. 企业财务管理制度的制定原则

财务管理制度的制定原则，分别为合规性原则、全面性原则、重要性原则、制衡性原则、可操作性原则、实用性原则、成本效益原则。

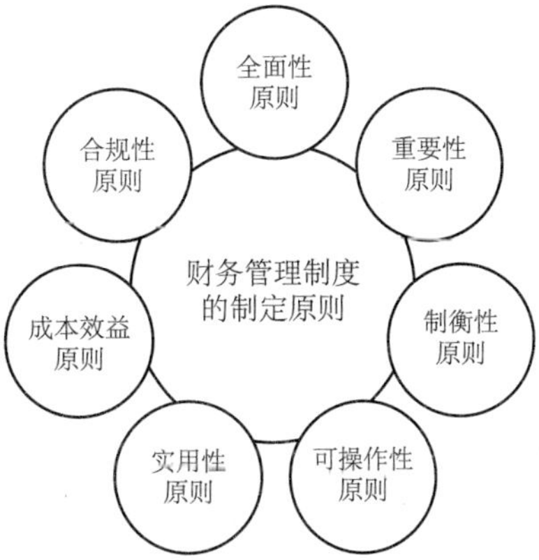

图 1.6.4 财务管理制度的制定原则

（1）合规性原则

财务管理制度各项条文不能违背国家各级各项法律法规的规定，必须符合各项法律法规的要求。

（2）全面性原则

财务管理制度应该贯穿于企业财务活动的全过程，包括财务活动的决策、财务活动的执行以及对财务活动的监督。同时，财务管理制度还要将企业各项业务和事项覆盖在内。

（3）重要性原则

在全面覆盖企业各项业务和事项以及贯穿整个财务活动的基础上，财务管理制度应该重点关注企业的重要业务事项以及高风险领域。

（4）制衡性原则

业务流程、企业治理结构、机构设置和权责分配等都是财务管理制度中的内容，财务管理制度要将这些内容形成既相辅相成又能够兼顾营运效率的体系。

（5）可操作性原则

财务管理制度应该将"'谁'在'什么时间''什么地点'做了'什么事情'以及'如何'做这件事情"做到明确记录。

（6）实用性原则

财务管理制度要匹配于企业的经营规模、业务范围、竞争状况等，同时要根据企业的情况及时调整财务管理制度。

（7）成本效益原则

财务管理制度需要对实施成本和预期效益进行权衡，将实现有效管理建立在适宜恰当的成本之上。

企业财务管理制度不仅为企业实施经营管理活动提供了制度保障，还为企业财务管理体系的建立和维护，以及会计核算和监督提供了制度保障。因此，企业一定要掌握财务管理制度，将财务管理制度运用得当。

第二章

企业财务风险与漏洞

第一节 影响企业财务的因素

影响企业财务的因素主要分为外部因素和内部因素。

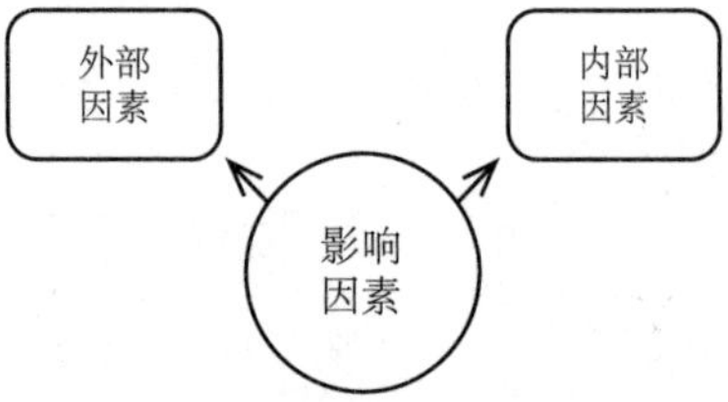

图 2.1.1 影响企业财务的因素

1. 影响企业财务的外部因素

对企业财务有影响的外部因素主要有利率变动、物价风险、市场风险、宏观经济环境、经济政策、文化发展环境等。

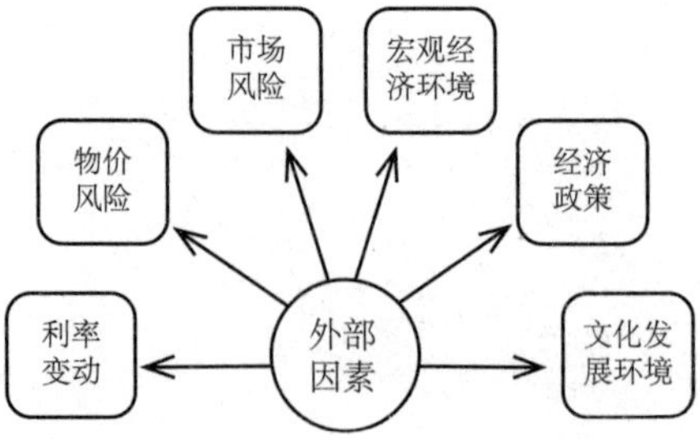

图 2.1.2 影响企业财务的外部因素

虽然这些因素存在于企业外部，但是会对企业财务管理产生重要影响，自然也会影响企业的财务状况。

这些外部因素的复杂性和多变性会给企业的财务带来一定的威胁。比如利率变化，当国家上调利率时，企业如果不增加留存收益，则企业的筹资成本也会增加。此外，利率水平提高，企业需要支付的利息也会随之增加，企业有可能无法履行偿还债务的义务，导致企业面临财务风险。如果宏观经济运行良好，那么企业的盈利水平和财务状况会朝着好的方向发展，企业面临的财务风险相对比较小；如果宏观经济走势不乐观，那么企业的盈利水平和财务状况都会受到影响，盈利水平会逐渐下降，企业还可能需要面临极大的财务风险。

2. 影响企业财务的内部因素

企业的财务风险可能是由外部因素导致的，但内部因素才是给企业带来财务风险的根本因素。

影响企业财务的内部因素主要有企业管理层缺乏财务风险意识、企业财务人员的素质比较低、企业缺乏内部控制、企业的资本结构和投资决策不合理、财务管理制度不完善、收益分配政策不科学等。

图 2.1.3 影响企业财务的内部因素

（1）企业管理层缺乏财务风险意识

企业管理层的财务风险意识与企业的发展和生存息息相关。企业在生产经营过程中，关注最多的是如何提升经济效益。为了让企业的经济效益得到提升，企业管理者会倍加关注业务的拓展以及业绩的提升，而忽略对财务风险的管控，致使企业面临的潜在财务风险加大。在某些情况下，为了提升企业销售人员的销售业绩，企业管理者会对销售人员赊销、营销等销售行为采取默许的态度，这将不断增加企业的应收账款。如果这些应收账款无法在约定的时间内收回，将给企业造成巨大的经济损失，影响企业可持续发展甚至生存。

基于此，企业管理层一定要具备财务风险管控意识，对企业员工的行为进行适当约束，这样方能保证企业各项业务顺利开展，保障企业可持续发展。

（2）企业财务人员的素质比较低

为了确保企业能够在复杂的市场经济环境中具备持续竞争力，企业要重视对财务人员的管理工作。而财务人员素质的高低会对企业财务管理工作产生重要影响，因此企业要注意提高财务人员的素质。

企业财务人员必须提高两方面的素质。一方面，企业的财务人员需要掌握专业的知识，比如，如何高效利用资金，让资金的价值得到充分体现等。然而，当下企业财务人员对专业知识的掌握普遍不足，既不能合理配置企业的资金，又不能制定出合理的利润分配方案。另一方面，企业财务人员需要对瞬息万变的市场有足够的敏锐度，能够根据市场变化做出准确的财务决策和管理。然而，企业财务人员普遍存在一个缺点，那就是对理财环境缺乏熟悉度，很难感受到市场资金的流向，而这对企业财务管理工作的进行与开展是极其不利的。

（3）企业缺乏内部控制

由于企业对财务风险管理的认知不够全面，因此不能形成合理的财务管理结构，导致企业进行财务决策的时候缺乏全面性。内部控制的缺失和机制的不健全，会导致资金管理不善和收支管理比较混乱的局面出现，进而导致企业面临的财务风险不断加大，影响企业的发展与生存。

（4）企业的资本结构和投资决策不合理

在一定程度上，企业的营运水平和发展状态受企业资本结构的影响。如果企业的资本结构不合理，在加重企业财务负担的同时，也会影响企业的偿债能力，而这将会加大企业的财务风险；相反，如果企业的资本结构比较合理，那么便能够有效降低资本成本，让财务杠杆最大限度发挥调节作用，从而使企业面临的财务风险降低。

投资决策对企业的发展和生存发挥着巨大的影响。如果企业的投资决策正确，不仅能够使企业的财务风险降低，还能使企业的盈利有所增加；反之，如果企业的投资决策错误，则可能将企业置于险地。

（5）财务管理制度不完善

企业财务管理的内容应将企业各个方面的基本活动都包含在内，而财务管理制度不仅应该涵盖企业基本活动的各个方面，还应该对这些方面进行进一步细化。如果企业在制定财务管理制度时由于某种原因遗漏了某个部门或者某个操作环节，极有可能导致出现财务漏洞，进而让企业面临财务风险。

（6）收益分配政策不科学

企业选择什么样的股利分配方式将对企业的发展带来重大影响，关系到企业的生存与发展。如果企业在分配利润时不以合理的收益分配政策为基础，严重脱离企业的实际情况，那么企业的财务结构一定会受到不良的影响，进而给企业带来财务风险。

总之，无论是外部因素，还是内部因素，都会让企业面临财务危机。为了企业的良好发展，企业的管理者一定要做好财务风险管理。

第二节 企业财务的法律风险

企业的生产经营活动离不开资金做支撑，企业生产经营的过程就是不断与“钱”打交道的过程。如果企业没有做好财务法律风险的防控工作，不管企业的规模是大还是小都会面临一定的财产损失甚至是法律风险。

1. 企业财务法律风险的种类

财务法律风险是每个企业都会面临的风险，企业面临的财务法律风险主要可以分为三种类型，分别为财务人员的法律风险、财务实务操作过程中的法律风险以及融资过程中的法律风险。

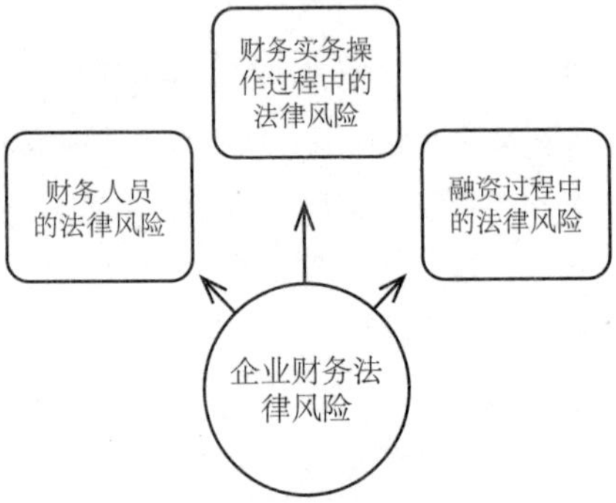

图 2.2.1 财务法律风险的类型

（1）财务人员的法律风险

财务人员是处于企业各方利益交会点的人，除了担当重要的财务职责之外，还要把控企业的财务运营状况。正是因为财务人员在企业中占据极其重要的地位，所以企业不能忽视对财务人员法律风险意识的培养，使其对法律风险有全面的认识和了解。

财务人员的法律风险主要有贪污罪、受贿罪、行贿罪、偷税罪、挪用资金罪等。

（2）财务实务操作过程中的法律风险

按照风险的来源进行划分，可以将财务实务操作过程中的法律风险分为税收法律风险、投资法律风险、流动性风险、担保法律风险以及应收账款法律风险五种类型。

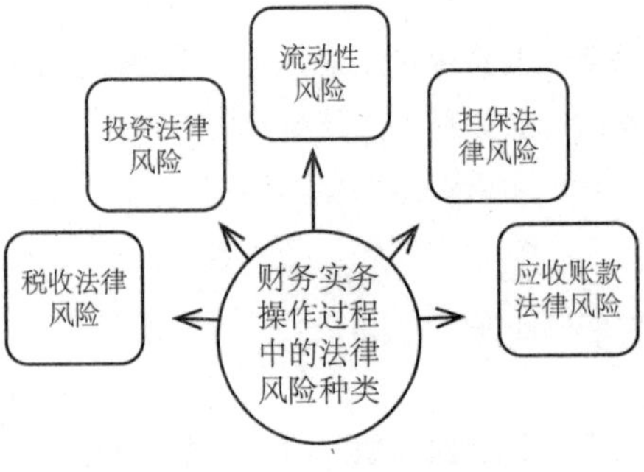

图 2.2.2 财务实务操作过程中的法律风险种类

① 税收法律风险

税收法律风险，指的是企业不按照税收相关法律法规的规定进行税务活动，导致企业可能会损失未来收益，或者企业需要承担不利的法律后果。比如企业没有按照相关法律法规的规定进行税务登记，没有按时按期缴纳税金等，这些税收法律风险将让企业承担行政责任甚至有可能承担刑事责任。

② 投资法律风险

投资法律风险，指的是企业在投资过程中，在选择投资对象、规范签约行为、施行防范措施等方面没有按照相关法律法规的规定进行，导致实际达到的目标和企业预期相差甚远的不利后果发生的可能性。

③ 流动性风险

流动性风险，指的是企业资产对现金进行转移时不能正常、正确性地进行转移的概率，或者企业对其应该履行的债务责任以及付现责任不能正常履行的概率。如果企业不能正常、正确性地转移现金，情况严重的企业就要承担相应的法律责任。

④ 担保法律风险

企业在对外担保过程中，如果债务人出现了违约行为，或者因其他因素导致不利后果发生，企业便要承担连带责任。担保法律风险指的便是由这种情况而引起的不利后果发生的概率。

⑤ 应收账款法律风险

应收账款法律风险，指的是在账款发生时或者账款回收的过程中，由于各种原因导致不能将账款收回的可能性。比如，企业催讨应收账款不力，企业将会面临法律风险。如果债务人的组织形态或者经营状况发生了变化，也将导致企业面临法律风险。此外，企业所持有的债权凭证不完整或存在瑕疵、企业做出了不规范的行为等，也可能导致企业应收账款面临风险。

（3）融资过程中的法律风险

只有拥有足够的资金，企业才能正常经营、运转以及发展。企业面临的融资风险主要有：虚假投资方的诈骗行为；真实投资方转嫁投资、经营风险的行为；企业没有按照相关法律法规的规定交付货币、实物的行为；企业不按照实际情况缴纳注册资本，盲目追求注册资本越大越好的行为等。

2. 企业或者相关责任人需要承担的法律责任

如果企业所进行的财务管理活动违规违法从而引发财务法律风险，企业或者相关责任人则需要承担相应的法律责任。该法律责任主要有刑事责任、行政责任以及民事责任。

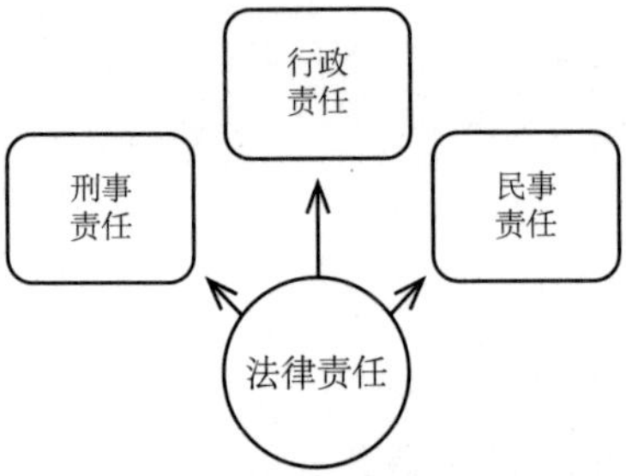

图 2.2.3 法律责任

（1）刑事责任

企业或者相关责任人做出的挪用资金、提供虚假会计资料、偷逃税款等行为，根据《中华人民共和国刑法》等法律法规相关规定，此等行为触犯了挪用资金罪、提供虚假会计资料罪、偷逃税款罪，将面临有期徒刑、无期徒刑甚至死刑的处罚。

（2）行政责任

如果企业的主观恶性较小，情节相对不重，就需要承担相应的行政责任。比如，企业没有按照相关法律法规规定设置会计账簿、填制原始凭证，提供给会计资料使用者的财务会计报表编制依据不一致，没有按照相关规定对会计资料进行保管等，都将受到相关部门的行政处罚。

（3）民事责任

企业也会承担民事责任，比如，由于企业没有按照规定提供真实、准确、完整的财务报表，导致投资者的利益受到损失的，投资者可以通过法律途径向企业追究民事侵权责任。

正常合规的生产经营和合理合法的资金关系着企业的生存发展。因此，企业一定要提高对财务法律风险的重视度，全面了解财务法律风险并做好防范工作，努力将财务法律风险降到最低。

第三节 企业财务管理的漏洞

企业财务管理的漏洞主要涉及五个方面，分别为主营业务收入核算管理漏洞、流动负债核算管理漏洞、会计凭证信息漏洞、会计账簿信息漏洞以及财务会计报表信息漏洞。

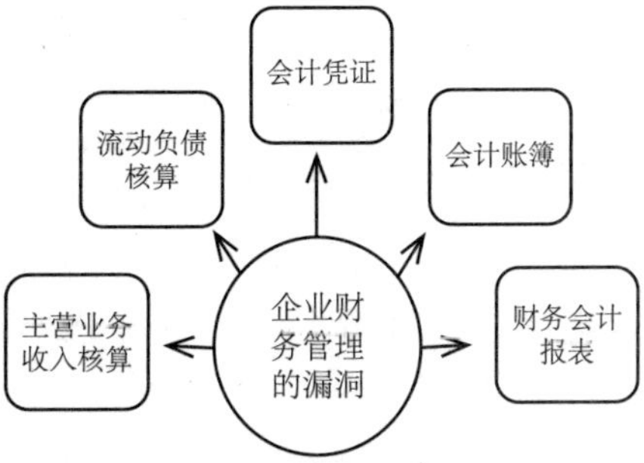

图 2.3.1 企业财务管理的五个方面漏洞

1. 主营业务收入核算管理漏洞

主营业务收入指的是企业通过销售产品或提供劳务等方式获得的营业收入。主营业务收入核算可能造成的财务漏洞主要有：发票管理不严谨为偷税漏税埋下伏笔、入账金额不符合实际情况、将应收账款提前转成销售收入、将产品“以旧换新”的差价计收入、营业外收入包含了补收的销售额等。这些财务漏洞都会对企业财务造成一定的负面影响。例如，企业的入账金额不符合实际情况，不能据此确定具体、真实的生产能力，会导致企业对自身生产能力认识不足，在日常生产经营活动中就会面临不必要的经济损失。

2. 流动负债核算管理漏洞

流动负债核算管理漏洞主要包括短期借款核算管理漏洞、应付账款核算管理漏洞、预收账款核算管理漏洞以及应付工资核算管理漏洞四个方面。

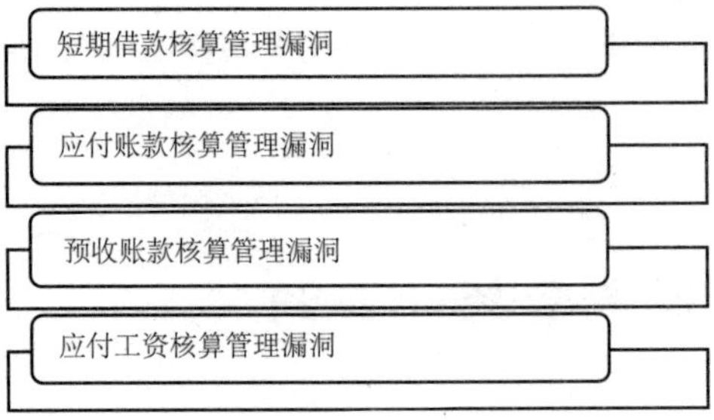

图 2.3.2 流动负债核算管理漏洞

（1）短期借款核算管理漏洞表现形式为：虚提银行借款利息，采用期间费用账户转入当年损益的方式对企业当年的损益进行调节。例如，A企业在12月从银行获取了一笔期限为8个月，利息总额是8万元的借款。《财务会计制度》规定，短期借款的利息可以通过预提的方式，计入每月的财务费用中。也就是说，A企业可以通过预提的方式，每月将1万元计入财务费用中。临近年末，为了调节当年损益，A企业通过虚提短期借款利息的方式，在当年年末的时候将8万元利息全部计入当年损益，A企业这样做虽然对企业当年损益进行了调节，但是实际上造成了利润减少，存在偷税漏税的违法行为。

（2）应付账款核算管理漏洞表现形式为：通过虚列应付账款的方法将实际利润减少，达到对利润进行调控的目的；企业采购人员和供货方合谋，供货方通过多列采购金额的方式为企业采购人员提供"贪污"之便，导致企业的应付账款增大。例如，某企业财务人员在采购原料的过程中实际采购金额为5万元，为了套取企业的现金，财务人员要求供货方采用多列采购金额的方式开具一张6万元的发票，从企业套取1万元现金，致使企业的财务受到损失。

（3）预收账款核算管理漏洞表现形式为：企业提供虚假的流动负债数额。例如，某制造厂，在客户交付货款时，作"借：银行贷款，贷：预收货款"；等该制造厂将货物交付给客户后，该制造厂仍将预收账款进行挂账处理，既不将这笔货款转作收入，也不将这笔货款当成成本进行结转。该制造厂这番操作提供的流动负债数额不仅是虚假的，还暴露了其偷逃收入以及税金的不良行为。

（4）应付工资核算管理漏洞表现形式为：企业利用工资费用对产品本钱进行调节，将员工人数进行虚报，达到虚增应付工资，对应付工资进行转移的目的等。例如，某企业实际员工人数为100人，为了扩大应付工资，该企业虚增调入员工，谎报企业员工人数为110人。

3. 会计凭证信息漏洞

会计凭证信息漏洞表现形式为：企业伪造原始凭证，或者企业采用涂改、挖补等方式对原始凭证进行改变；伪造法律凭证；将发票用收据替代；企业使用和开具发票不遵循相关的规定等。

4. 会计账簿信息漏洞

会计账簿信息漏洞表现形式为：对会计凭证进行涂改以及将会计账簿销毁；企业对会计账簿中的错误进行改错的时候不遵循相关的改错规定；企业设置两个会计账簿：一个用于企业自身内部管理，另一个用来应付相关部门的检查。

5. 财务会计报表信息漏洞

财务会计报表信息漏洞表现形式为：企业在对会计报表进行合并时不遵循相关的合并规定，将管理费用、应收账款进行虚报多记等。

第四节 企业进行内部控制的途径

在一个整体系统中，一个微小的环节发生变化便可能引起一系列连锁反应，这就是“多米诺骨牌效应”。将这种现象延伸至企业的财务管理中，一个微小的工作失误便有可能导致财务漏洞的出现，进而牵一发而动全身导致企业破产。因此，企业一定要重视财务管理，警惕财务漏洞的出现。

为了防范财务管理漏洞的出现，也为了给企业经济效益打下坚实的根底，企业需要完善内部控制制度，建立健全内部管理制度，提高企业管理者以及全体员工的素质。

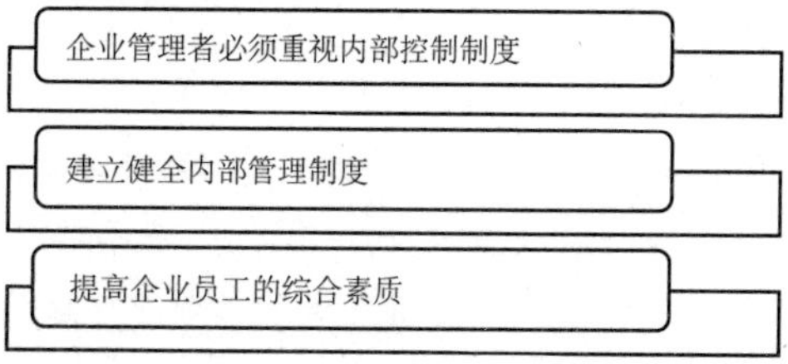

图 2.3.3 企业进行内部控制的途径

1. 企业管理者必须重视内部控制制度

企业内部控制制度能否受到企业各阶层的重视以及能否发挥其效用，受企业管理者的影响。管理者的管理思想、对企业的管理方式以及对财务的重视程度等，都对内部控制制度有着极大的影响。如果企业管理者反对内部控制制度的建立或者不按照既定的内部控制制度进行日常管理，那么即使设立了内部控制制度，其在企业内部也会形同虚设。因此，企业管理者必须重视内部控制制度，树立现代财务管理观念，用实际行动贯彻内部控制制度的相关规定，进而让内部控制制度发挥其巨大的效用。

一方面，企业管理者需要建立、健全、强化企业内部治理组织。任何事物的实现都需要一个载体，内部控制制度的落实也需要一个载体，这个载体就是企业内部治理组织。企业内部治理组织的核心是对企业内部机构和岗位进行科学合理的设置，以及对岗位职责和各个岗位之间的关系进行确定。例如，在某项经济业务发生的过程中，企业内部治理组织可以规定需要由两个或者两个以上部门和工作人员分工负责。另一方面，内部控制制度能否发挥其效用，关键在于企业管理者能否选对人。企业管理者一定要严把用人关，将对的人放在对的位置上，这样才能提高内部控制制度的执行力度。

2. 健全内部管理制度

为了发现企业潜在的人才，发现德才兼备的员工，企业应当建立人才管理机制；为了防止任人唯亲、拉帮结派、排除异己的用人现象出现，企业应当建立有利于激励员工的职务晋升机制以及工资晋级机制；企业的各个环节以及各个部门都应该按照相关的规章制度进行生产经营活动，所进行的活动一旦偏离相关规章制度的规定，企业一定要及时采取补救措施，建立能够将问题解决的纠正机制才能有效阻止问题扩延。

3. 提高企业员工的综合素质

如果没有高素质的员工，再好的企业制度也是摆设。想要让内部管理制度有效运行并充分发挥其巨大的作用，企业必须不断提高员工的综合素质。企业员工是企业内部控制制度的践行者。因此，企业一定要加强员工培训，在不断提高员工工作技能的同时，也提高员工对企业的归属感。此外，企业需要对各项奖惩制度进行明确，通过奖惩制度让员工的工作质量和绩效得到保障的同时，也达到对员工的行为进行约束的目的。

第三章

企业财务战略的制定与实施

第一节　企业财务战略的特征

企业财务战略指的是，在一定时期内，以宏观经济发展状况以及企业发展战略为基础，对企业的财务活动发展目标、方向以及道路做出的客观且科学的概况和描述。企业资金均衡有效地流动，最终达到让企业总体战略得以实现的目的，是企业财务战略的目标。

企业财务战略的特征主要包括从属性、系统性、指导性、复杂性。

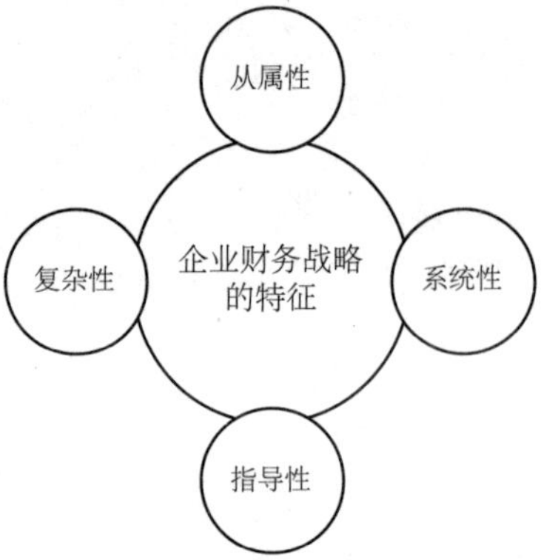

图 3.1.1　企业财务战略的特征

1. 从属性

企业财务战略要从属于企业整体发展战略，即企业财务战略要将企业整体发展战略的要求体现出来。企业财务战略为企业筹集到适度资金的同时，还要有效合理地将筹集的资金进行投放，这样才能实现企业整体发展的战略目标。如果企业财务战略不服从企业整体发展战略的指导，或者不迎合、不体现企业整体发展战略的要求，都将造成企业整体发展战略失败，进而让企业遭受损失。

2. 系统性

财务战略不是独立的，而是企业战略的一个子战略，与企业其他子战略之间是密不可分的。正因如此，企业不仅不能终止财务战略与企业其他子战略之间的动态联系，还应该努力让财务战略为企业其他子战略提供支持。

此外，想要企业发展战略得以实现，研发、生产、营销等缺一不可，各方面都要协同作战。而且，企业其他子战略想要顺利实施，需要建立在财务战略的基础上。从这个角度来看，企业财务战略不仅具备系统性还具备综合性。

3. 指导性

企业财务战略对企业资金的运筹进行了总体谋划，对资金运筹重大财务问题，如总方向、总方针、总目标等做出了规定。因此，制定完成后的企业财务战略具备相对稳定性，为企业的财务活动指引方向。

4. 复杂性

与企业整体发展战略下的其他子战略相比，企业财务战略的制定和实施相对比较复杂。这主要是受“资金固定化”特征的影响，因为只要资金被投入使用后，在短时间内将很难调整资金的使用方向以及规模。正因如此，在资金配置方面，如果财务战略稍有不慎，便会导致企业资金周转不灵，使企业陷入财务危机，甚至面临破产。

金融市场是企业进行筹资和投资的场所，然而由于金融市场瞬息万变、复杂至极，一定程度上增加了财务战略制定和实施的复杂性。

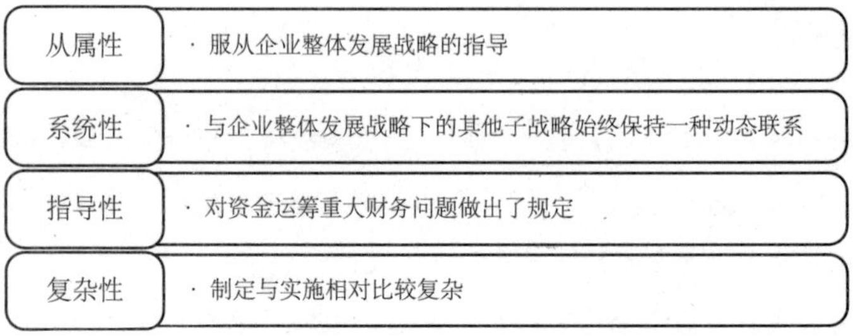

图 3.1.2 企业财务战略特征

企业财务战略特征反映了财务战略的实施情况：从属性反映的是实施财务战略的前提，该财务战略需要从属于企业的整体战略；系统性反映的是财务战略的实施需要围绕系统观点展开；指导性反映的是财务战略的实施需要以企业资金运筹的总体规划为基础进行；复杂性反映的是与企业其他战略相比，财务战略所涉及的内容更多、开展的难度更大。

第二节 扩张型企业财务战略

扩张型企业财务战略又名进攻型企业财务战略，它的开展是为了配合企业的一体化以及多元化战略。具体来说，扩张型企业财务战略指的是把实现企业资产规模快速扩张当成目标的一种财务战略。

本书将从以下三个方面介绍扩张型企业财务战略。

1. 扩张型企业财务战略的特征

企业想要实施扩张型企业财务战略，通常需要留存极大部分甚至全部利润，而且要充分利用负债，通过不断筹措外部资金，弥补企业内部积累不足以满足扩张需要的问题。比较多的企业没有采用股权筹资的方式而是采用负债方式筹资，是因为负债筹资有“一箭双雕”的作用，不仅能够将财务杠杆效应带给企业，还能保证净资产收益率以及每股收益不被稀释。此外，企业资产规模的快速扩张，通常会让企业的资产收益率在很长一段时间内表现为相对比较低的水平，这是因为和资产的增长相比，收益的增长有一定的滞后性。因此，实施扩张型企业财务战略的企业，“高负债、低收益、少分配”是其主要的财务特征。扩张型企业财务战略适用于处在“发展期”的企业。

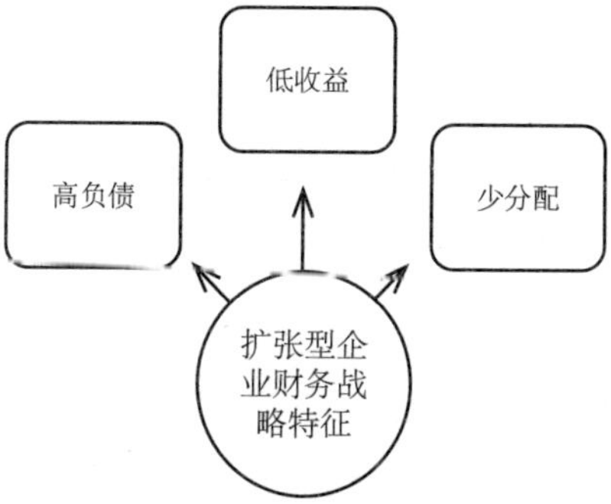

图 3.2.1 扩张型企业财务战略特征

2. 扩张型企业财务战略的优缺点

（1）扩张型企业财务战略的优点

企业采用扩张型企业财务战略进行发展，势必会开发新产品或者市场发展空间。而无论是新产品，还是市场发展空间，在一定程度上可能会为企业增加新的利润增长点和现金流量。

（2）扩张型企业财务战略的缺点

如果投资失误，可能会造成企业财务状况恶化的局面，甚至可能导致企业破产。例如，2004 年 10 月 28 日，上海汽车集团为了实现其全球扩张的战略目标，以 5 亿美元的价格将韩国双龙 48.92% 的股份收入囊中。但是由于文化差异、整合不当等，上海汽车集团的销售业绩一直在走下坡路，债务危机也在不断攀升。为了阻止情况继续恶化，2009 年 1 月 9 日，上海汽车集团向韩国首尔法院提交了双龙破产保护的申请，这在一定程度上给上海汽车集团的扩张型企业财务战略画上了句号。虽然这次投资失误没有导致上海汽车集团破产，但对其造成了巨大的财务损失。在收购韩国双龙股份 5 年的时间里，上海汽车集团累计投入的资金高达 42 亿元人民币，而在宣布合作结束的时候，投入的 42 亿元人民币已经损失过半。

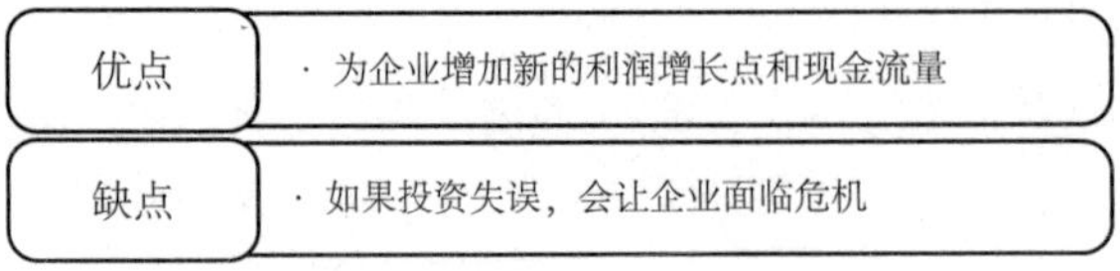

图 3.2.2　扩张型企业财务战略的优缺点

3. 扩张型企业财务战略的核心内容

扩张型企业财务战略的核心内容有三个，分别为投资战略、筹资战略以及收益分配战略。

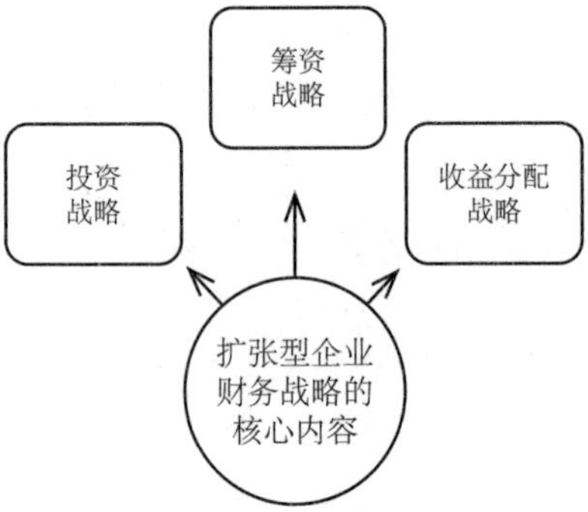

图 3.2.3　扩张型企业财务战略的核心内容

（1）投资战略

在投资环节方面，扩张型企业财务战略可以让财务资源更倾斜于营销和产品质量。

营销是企业不可或缺的核心竞争力，想要提升企业的销售额，想要提升市场份额和增加利润，对营销进行财务支持的方式应该是不二之选。此外，企业在整合内部资源、提高资源配置效率时，保证产品质量是极其重要的。因此，企业必须不遗余力地对产品质量进行财务支持。

企业财务战略就是给予企业的营销以及产品质量战略以财务资源支持。

从投资角度看，企业通过扩张型企业财务战略实现资本扩张的主要形式是兼并和收购。

为了支持扩张型企业财务战略，在投资方面不少企业都采用了兼并和收购的方式，并取得了不小的成功。例如，国美电器于2006年7月24日将永乐家电并购，国美电器取得了巨大成功。2006年国美电器第一季度的销售额只有56.04亿元，并购以后国美电器第一季度的销售额激增到100.88亿元，净利润也高达1.69亿元，同比增长了75.1%。为了发展成为国际化企业，2002年TCL用820万欧元将德国电器公司施耐德收购，以此打响了进军国际市场的第一战。

采用兼并与收购的形式，企业不仅可以获得规模经济优势，降低交易费用和经营风险，还可以产生经营、财务等正面协同效应。

（2）筹资战略

筹资战略指的是在企业整体发展规划的基础上对资金进行安排或筹划的一种战略。

销售额持续增长是高增长企业的明显标志之一。当企业销售处于高增长时，企业通常会面临资金极度缺乏的局面，这是由于销售增长往往会导致存货、应收账款等资产增长。销售增长的张力越大，资金紧缺就越严重。对于一家全球性的跨国企业而言，当在高速成长中面临资金紧缺问题时，完全可以采用母公司向其注资的方式解决资金紧缺的问题。为了降低风险，引进当地本土的合作伙伴也是一个不错的选择，因为这样不仅可以解决企业资金紧缺的问题，还能使企业更了解当地的销售和金融市场，从而增加企业销售额和融资的可能性。

发行股票和债券、租赁、取得借款等都是企业的筹资行为。企业的筹资方式不是一成不变的，处于不同生命周期的企业就要采取不同的筹资方式。从整体来说，企业一般会采取相对比较积极的筹资战略对扩张型企业财务战略的有效性进行加强。例如，蒙牛公司不断进行筹资，先是民间资本、风险资本，后来是公众资本，最后是产业资本。这一系列的战略操作让蒙牛公司的资金流畅通、高效、有序地转动，甚至赶超了“环绕速度”。如此一来，蒙牛公司不仅成功避免了面临资金紧缺的局面，更为扩张型企业财务战略奠定了资金基础。

（3）收益分配战略

企业的收益分配战略必须符合投资战略和筹资战略的要求，还必须考虑企业整体战略的要求。一方面，企业应该考虑营销和产品质量发展的需要，对企业的扩张型企业财务战略表现出支持的态度，满足企业在高速发展过程中对资金的需求问题；另一方面，企业还应该尽最大的努力满足培育与提升核心竞争力的需求，对知识、技术等要素参与收益分配的办法进行积极的探索，从而更好地留住人才，并制定合理的岗位分配及收益分配政策。

此外，股利战略是收益分配战略的重点，也是让企业能够长远发展、股东权利能够得到保障、股价得以稳定的重要手段。

企业采用扩张型企业财务战略能否获得成功，其中最主要的因素是企业是否采用了相对比较合理的股利战略。通常情况下，通过扩张型企业财务战略进行发展的企业，在初创期往往不会将股利进行分配；在发展期，采取的是将少许股利进行分配，较多的资金投入生产的股利政策；到成熟期后，企业面临的财务风险相对处于较低的水平，企业开始逐渐将股利支付率升高。

本节从扩张型企业财务战略的特征、优缺点以及核心内容三个方面对扩张型企业财务战略进行了阐述，希望对处于这一阶段的企业管理者和财务人员可以带来一些启迪。

第三节 稳健型企业财务战略

稳健型企业财务战略又称稳健发展型企业财务战略、加强型企业财务战略或者平衡型企业财务战略。

稳健型企业财务战略，是为了配合实施企业其他战略而展开的，是企业对现有产品或服务的市场开发或市场渗透的战略。具体来说，稳健型企业财务战略的目的就是确保企业财务业绩稳定增长、资产规模平稳扩张。

接下来将从三个方面介绍稳健型企业财务战略。

1. 稳健型企业财务战略的特征

采用稳健型企业财务战略的企业，首先要做的是对企业现有的资源进行优化配置，对企业现有资源的使用效率和效益进行提高。这类企业用于扩张企业资产规模的资金主要来源于利润积累。为了避免承受过于沉重的利息负担，面对利用负债实现资产规模扩张的方式，这类企业通常会持一种慎重的态度。正因如此，采用稳健型企业财务战略的企业，其财务特征主要表现为“低负债、高收益、中分配”。稳健型企业财务战略适用于处在“成熟期”的企业。

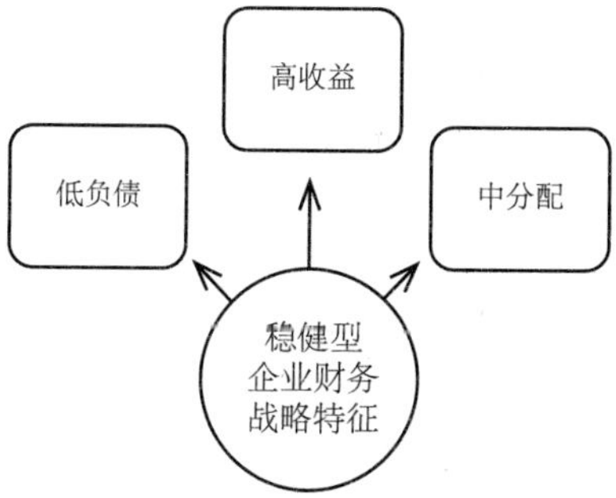

图 3.3.1 稳健型企业财务战略的特征

2. 稳健型企业财务战略的优缺点

（1）稳健型企业财务战略的优点

稳健型企业财务战略能够让企业现有的资源得到充分利用，对外集中发挥企业自身的竞争优势。

（2）稳健型企业财务战略的缺点

当企业现有的产品或服务不再具备市场开发或者市场渗透的价值，如果此时企业不改变财务战略，仍旧坚持实行稳健型企业财务战略，就可能会让企业面临财务危机，甚至会对企业未来的盈利能力和现金流量造成不良的影响。

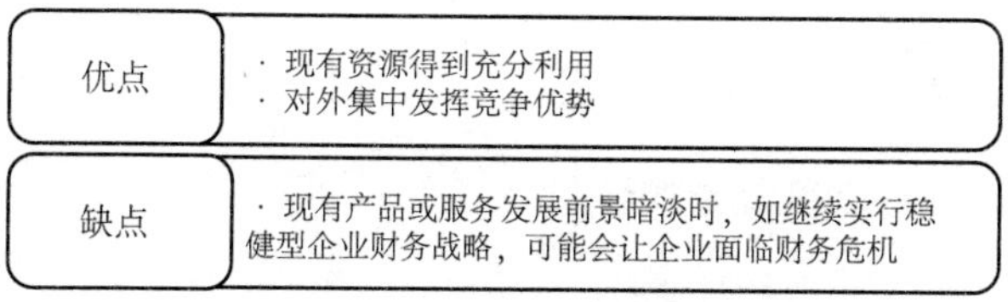

图 3.3.2 稳健型企业财务战略的优缺点

3. 稳健型企业财务战略的具体做法

（1）对投资结构进行调整

为了能够将稳健型企业财务战略的目的实现，可以采用对投资结构进行调整的方法。例如，对于相对而言具备竞争优势的核心要素，可以加大投资促进其稳定持续地发展；合并企业中部分相关的资源，从而集中优势开展更多的业务；出售竞争优势不明显的非核心要素和盈利优势不明显的资源，也可以转让部分长期闲置的资源。比如，作为一家拥有60多年发展历史的国有企业，包头钢铁（集团）有限责任公司（以下简称包钢）在2016年陷入了巨大的财务危机之中，为了扭亏为盈、走出困境，包钢开始对资源配置做“减法”，将企业闲置的资产进行处置。从2016年开始，截至2022年6月，包钢已经处置的闲置资产有402项，资产增值高达3200万元。

在企业的发展过程中，企业一定要抓住发展机遇对投资结构及时进行调整，通过运用新技术和新产品为企业开辟新的市场。

（2）将资金的来源渠道进行扩大

为了从根本上让资金规模得到扩大，企业必须最大限度地将融资渠道进行扩大。换言之，企业不能过分依赖银行贷款，将银行贷款当成企业唯一的融资渠道。企业应该尽可能地去扩大融资渠道，以确保企业的资金来源并获得足够的发展资金。企业可以通过利用票据、融资租赁等金融工具积极寻找、扩大资金的来源渠道，大幅度改善企业的融资模式。这样，不仅有助于合理配置企业的资源，更有助于企业资金的流动。

（3）对成本费用进行严格控制

企业想要严格控制成本费用，可以从企业员工入手。员工在进行工作时，秉承节约成本的理念，做到“物尽其用”，让所有资金的效用都发挥到极致。例如，企业管理层在制订规划时，严格控制资金的投入方向，对于不应该投入资金的方面坚决不进行资金投入；企业采购人员在进行采购时，一定要对市场形势做好研究，货比三家以后最终买到性价比最优的物料。

（4）对内部控制制度进行加强

实施稳健型企业财务战略的企业，一定要对内部控制制度进行大幅度加强。比如可以根据企业的实际情况，以《企业内部控制规范》《企业内部控制配套指引》等文件的规定为基础，对企业现有的管理制度进行全面系统的梳理，再根据梳理的结果对企业现有的管理制度进行完善，建立一个具有创新意识且符合企业实际情况的内部控制制度。

为了不断完善内部控制制度，让内部控制制度发挥最大的效用，在实际控制过程中，企业还应该从自身发展特点出发，不断对内部控制制度进行改进和优化。这样，不仅有助于企业的实际经营管理符合相关法律法规，更有利于保护企业的资产，确保能够获得真实可靠的财务相关信息，进而让企业不断向实现稳健型企业财务战略目标靠近。

（5）建立财务预警机制

由于市场环境瞬息万变，价格也会经常发生浮动，因此企业非常有必要建立财务预警机制。财务预警机制不仅能够实时动态监控财务指标，还能够全面分析企业的财务状况，通过财务预警机制提供的财务预警分析报告，企业管理层能够正确地制定财务策略。

首先，在建立财务预警机制前，企业需要准确了解、掌握其内部财务风险。例如，根据对多重指标和数据的分析，或者对内部资产负债表、现金流量表的研究，掌握企业可能会面临的财务风险，然后根据这些分析和研究制定科学有效的财务预警机制。

其次，选择合适的财务预警机制成员。财务预警机制涉及的内容比较多，且较为复杂，为确保财务预警机制能够在企业内部顺利推行，必须科学合理地选择成员。

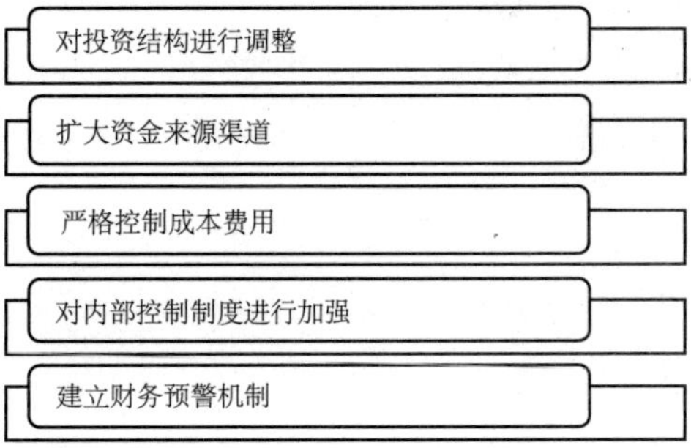

图 3.3.3 稳健型企业财务战略的具体做法

本节从稳健型企业财务战略的特征、优缺点以及具体做法三个方面对稳健型企业财务战略进行了阐述，希望对处于这一阶段的企业管理者和财务人员可以带来一些启迪。

第四节　防御收缩型企业财务战略

防御收缩型企业财务战略指的是将预防财务危机出现、寻求生存和发展当成目标的一种财务战略。由于企业有收缩、剥离、清算等活动的需要，因此防御收缩型企业财务战略应运而生。

接下来将从两个方面介绍防御收缩型企业财务战略，并对三种财务战略进行对比。

1. 防御收缩型企业财务战略的特征

采用防御收缩型企业财务战略发展的企业，通常首要的任务都是最大限度减少现金的流出和最大限度增加现金的流入。为了让企业主营业务的市场竞争力得以增强，企业会采取相应的措施，如精简部分机构等，将存量资产盘活，把成本支出减少，尽最大努力将人力、物力、财力进行集中，然后将其用在企业的主营业务上。

由于这类企业在以往的发展过程中遭遇了太多的挫折，也可能采用过快速扩张型企业财务战略进行发展，因此企业不得不面对两个棘手的问题：一个是在以往发展过程中所形成的负债包袱，另一个是目前经营过程中需要面对的困难。这两个问题成了实施防御收缩型企业财务战略的巨大推动力。实施防御收缩型企业财务战略的企业，其基本的财务特征表现为“低负债、低收益、少分配”。防御收缩型企业财务战略适用于处在“衰退期”的企业。

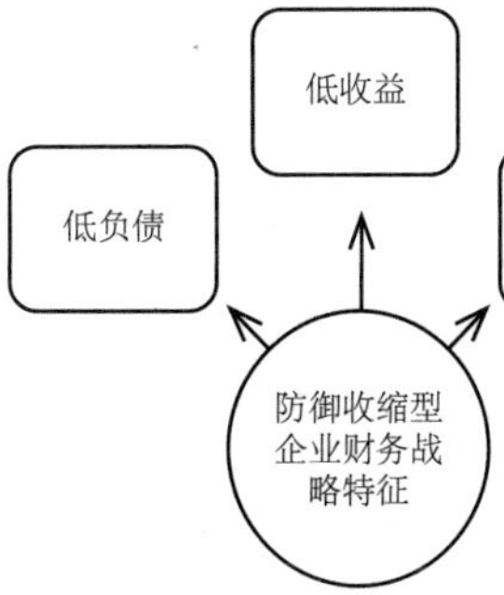

图 3.4.1 防御收缩型企业财务战略特征

2. 防御收缩型企业财务战略的优缺点

（1）防御收缩型企业财务战略的优点

防御收缩型企业财务战略为企业稳健的财务状况提供了保障，为未来企业实施其他财务战略提供了大量的现金资源储备。

万科企业股份有限公司（以下简称万科）成立于 1984 年，和许多公司一样，万科从创立之初便走多元化经营发展路径，并在 20 世纪 90 年代初形成了以商贸、文化、房地产、文化传播为主的四大经营机构。然而在 1992 年，在将多元化经营期间发生的亏损资金和赚取的资金进行加减运算后，公司居然出现了财务赤字。通过一番思考，万科决定实施防御紧缩型企业战略，即放弃多元化经营，走以房地产开发为主的专业化道路。其战略实施如下：一是将整体业务进行收缩，不再从事与住宅无关的业务；二是集中投资区域，将住宅产业战线进行收缩；三是收缩房地产产业品种；四是转让股份收回资金，并将资金集中用于主业。经过 10 年的努力，万科最终走上了以房地产开发为主的专业化道路，不仅实现了资源的优化，扭亏为盈，更为其成为房地产行业的龙头老大奠定了强有力的基础。

（2）防御收缩型企业财务战略的缺点

当企业因为某种原因不得不退出某部分产品领域或者市场空间时，如果企业不能及时创造机会调整和优化发展战略，将会对企业未来的盈利能力和现金流量造成不良的影响。

优点	· 财务状况稳健 · 为企业储备了大量现金资源
缺点	· 影响企业未来的盈利能力和现金流量

图 3.4.2 防御收缩型企业财务战略的优缺点

3. 三种财务战略对比

表 3.4.1 三种财务战略对比

对比内容 财务战略	目的	企业财务特征	优点	缺点	适用企业
扩张型企业财务战略	实现企业资产规模的快速扩张	高负债、低收益、少分配	为企业增加新的利润增长点和现金流量	如果投资失误，会让企业面临危机	处于发展期的企业
稳健型企业财务战略	实现财务绩效的稳定增长以及资产规模的平稳扩张	低负债、高收益、中分配	1. 现有资源得到充分利用 2. 对外集中发挥竞争优势	现有产品或服务发展前景暗淡时使用该战略，可能会让企业面临财务危机	处于成熟期的企业
防御收缩型企业财务战略	预防财务危机出现以及寻求生存与发展	低负债、低收益、少分配	1. 财务状况稳健 2. 为企业储备了大量现金资源	影响企业未来的盈利能力和现金流量	处于衰退期的企业

本节从防御收缩型企业财务战略的特征、优缺点两个方面对防御收缩型企业财务战略进行了阐述，并对扩张型企业财务战略、稳健型企业财务战略以及防御收缩型企业财务战略进行了对比，希望企业的管理者和财务人员可以根据企业所处的阶段选择恰当的财务战略。

第五节 企业应该如何选择财务战略

企业财务战略的选择，不仅对企业财务资源配置的取向和模式起着决定性作用，还对企业的财务活动以及效率产生着影响。基于此，企业在选择财务战略的时候，必须着眼于经济周期波动情况、企业发展阶段以及企业经济增长方式，并且及时对企业财务战略进行调整，以确保企业保持核心竞争力和旺盛的生命力。

也就是说，企业在选择财务战略时要注意三方面问题，即财务战略选择必须与经济周期相适应、财务战略选择必须与企业发展阶段相适应、财务战略选择必须与企业经济增长方式相适应。

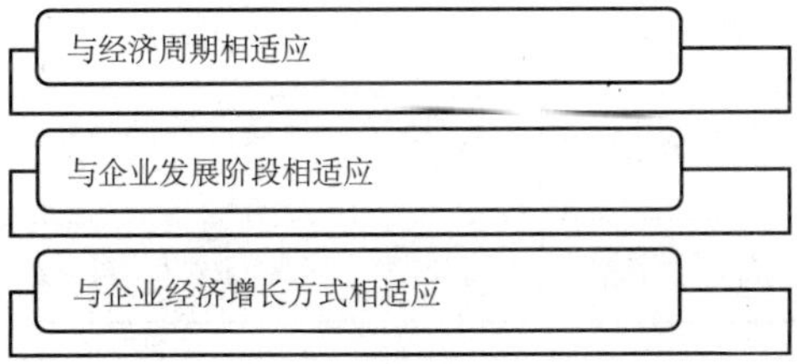

图 3.5.1 财务战略的选择

1. 财务战略选择必须与经济周期相适应

经济的周期性波动是一种不可避免的经济现象。

我国经济周期的特征主要表现为：改革开放前，经济周期长度不规则，发生的频率较高，波动的幅度较大；改革开放至世纪之交，经济周期波动趋于收敛模式，周期长度逐渐拉长，波动幅度逐渐减小；21 世纪以来，我国经济周期呈现适度高位增长的良好态势。

从财务角度以及经济的周期性波动来看，企业的发展需要顺应经济周期的过程和阶段，选择的财务战略要与经济周期的运行相匹配，这样才能减少经济周期大起大落对企业的财务活动带来的不良影响。

如何选择财务战略？可以尝试以下的方法。

在经济复苏期，企业应该选择扩张型财务战略。如增加厂房设备、劳动力，不断创新开发新产品等。

在经济繁荣前期和经济繁荣后期，企业应该分别选择扩张型财务战略和稳健型财务战略。如在经济繁荣前期继续采取增加厂房设备、劳动力以及开展营销筹划等；在经济繁荣后期选择稳健型财务战略进行发展。

在经济衰退期，企业应该选择防御收缩型财务战略。比如，停止扩张，通过削减存货、减少雇员、出售不必要厂房设备等措施，保持市场份额、压缩管理费用，最终达到稳定企业财务状况，为企业尽可能多地储备现金资源的目的。

总之，企业要根据市场变化、时局变化以及经济形势和经济策略，及时选择对应的财务战略开展企业财务活动。

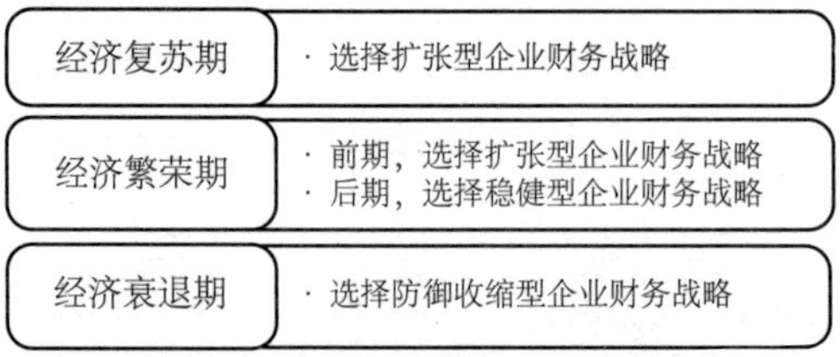

图 3.5.2 根据经济周期选择财务战略

2. 财务战略选择必须与企业发展阶段相适应

在企业的发展历程中，一般要经过四个发展阶段，依次为初创期、扩张期、稳定期以及衰退期。企业所处的发展阶段不同，企业的经营重点和面临的经营风险也就不同。所以，企业需要根据所处的发展阶段选择对应的财务战略。

比如处在初创期、扩张期的企业需要大量的资金用于发展，企业应该选择扩张型财务战略；在稳定期，企业对资金的需求减少以及可能有现金结余，企业应该选择稳健型财务战略；在衰退期，为了严格把控企业的负债率，确保其平稳运行，企业应该选择防御收缩型财务战略。

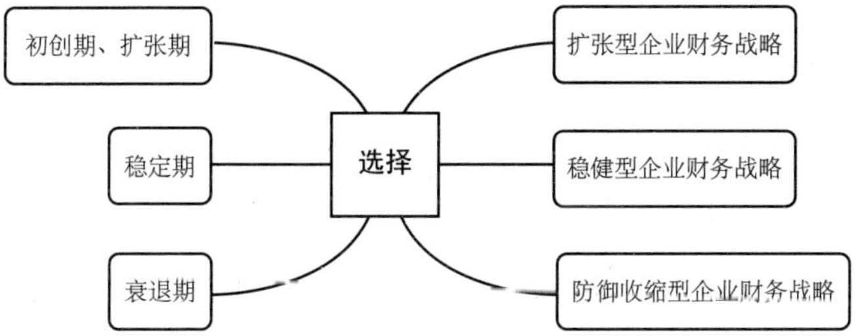

图 3.5.3 根据企业发展阶段选择财务战略

3. 财务战略选择必须与企业经济增长方式相适应

一直以来，我国企业经济增长的主要方式都是低水平重复建设和单纯数量扩张的经济增长方式。这种增长方式虽然能够让企业在短时期内看到效益，但是由于技术水平和资源配置能力得不到匹配，从长远角度来看，这种增长方式会制约企业的发展。基于这一点，企业要尝试从根本上实现粗放增长向集约增长的转变。

图 3.5.4 经济增长方式的转变

为了适应这种经济增长方式的转变，需要从两方面对企业财务战略做出调整，即不仅要对企业财务投资战略进行调整，还要对基础项目和财务制度加大投资力度和创新力度。

选对财务战略很重要，企业可以根据以上内容选择适合的财务战略，最终实现企业财务发展目标。

第六节 企业财务战略的制定、实施与控制

作为企业战略管理的一个子战略，企业财务战略的制定与实施指的是，在综合考虑企业环境、分析财务能力的基础上，结合企业整体战略的要求，编制财务战略方案，并实施与控制。

1. 财务战略的制定

从一定程度上说，财务战略管理也是一种社会实践活动，既然是社会实践活动，自然离不开环境，因此，在制定财务战略之前一定要对企业内外部环境进行分析。

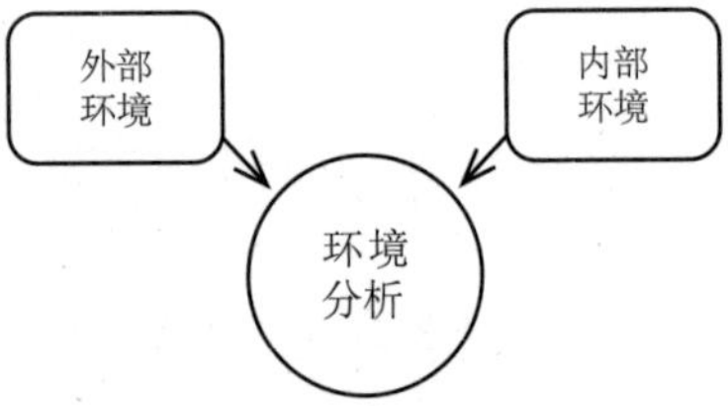

图 3.6.1 环境分析

外部环境指的是对企业构成影响的一切外部条件和因素。例如，产业环境、竞争环境等，以及能对财务战略造成间接影响的政治环境、法律环境、自然环境等。

内部环境指的是对企业内部资金的流动和积累，财务的结构和状况具有影响作用的因素和条件。例如，企业的管理体制、财务人员的素质等。

通过对内外部环境分析，企业不仅可以利用有利的发展机会，有效规避由于外部环境的变化给企业带来的危害与威胁，还可以充分发挥企业自身的优势，不断增强自身的竞争能力和应变能力。因此，企业在制定财务战略之前，一定不能忽略对环境的分析。

2. 财务战略的实施

财务战略的实施指的是运用一定的方法或者手段，让财务战略的行动过程得以实现。

（1）财务战略的实施过程

财务战略的实施过程主要包括：

① 制订财务战略实施计划。该计划指的是介于长期战略和行动方案之间的计划。

② 拟定行动方案。在财务战略实施过程中进一步拟定行动方案并做到细化。

③ 编制财务预算。从财务战略角度来看，财务预算具体、系统地反映了财务战略目标。

④ 确定工作程序，让人力、财力、物力都能得到合理安排。

⑤ 进行战略控制。将财务战略实施的实际情况与预期目标进行对比，如果二者之间存在偏离的情况，企业应该及时采取措施纠正。

需要注意的是，当财务战略实施完毕后，要对财务战略的实施进行分析评价。因为这不仅能让企业积累管理经验，还能为下一步财务战略管理提供坚实的基础。

（2）建立健全有效的财务战略实施组织

任何战略的实施都离不开人的支持，财务战略需要通过企业各个部门和相关人员才能得以实施，因此，企业一定要做好财务战略的组织工作，建立健全有效的财务实施组织。

企业在建立财务实施组织结构时，需要考虑以下几个因素：

① 企业发展战略的要求是什么。

② 企业经营处在何种环境之中。

③ 企业采用何种技术进行发展。

④ 企业员工和企业文化是怎样的。

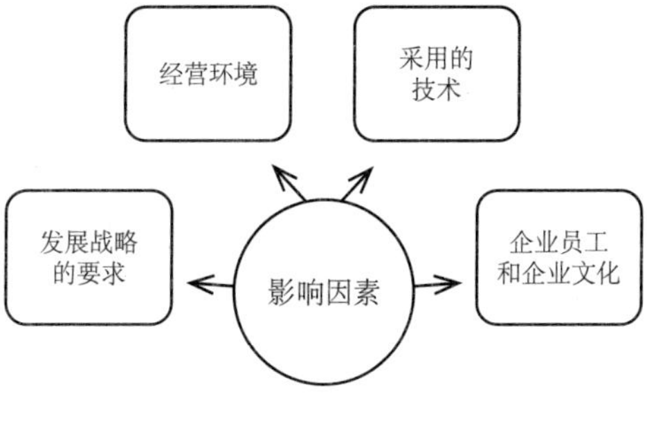

图 3.6.2 影响财务战略实施组织结构的因素

无论是对企业的生存还是发展，财务战略都是至关重要的。因此，企业在制定、实施企业财务战略时一定要谨慎。

第四章

企业资本结构管理

第二节 资本结构的影响因素

资本结构是反映企业财务状况的重要指标。为了保持企业财务状况的稳定，企业不仅要充分认识资本结构，还要弄清楚哪些因素会对资本结构造成影响。

资本结构的影响因素包括企业的资产结构、企业的稳定性和成长性、企业的财务状况和信用等级、企业所有者和管理当局的风险态度、行业特征、企业发展阶段、税收政策和货币政策。

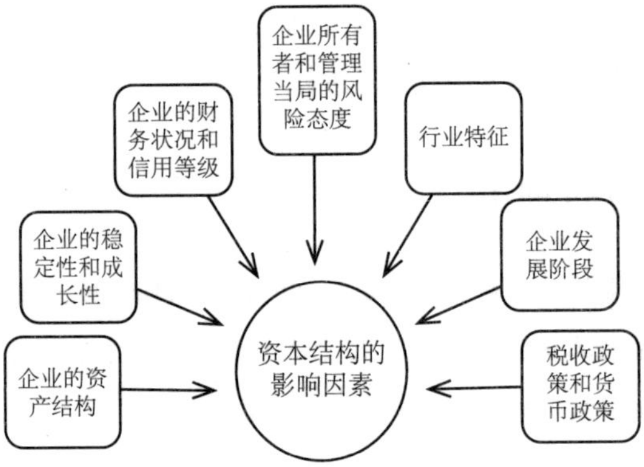

图 4.2.1 资本结构的影响因素

1. 企业的资产结构

资产结构指的是企业筹集到的资金以及分配使用资金后的资金占用结构。

资产结构对资本结构的影响有以下几个方面通过长期负债、发行股票筹集资金，是拥有大量固定资产企业获得资金的主要途径；对于流动资产比较多的企业而言，企业可以通过流动负债筹集资金；资产与抵押贷款更匹配的企业，负债比较多；主要从事技术研发的企业，负债比较少。

第四章

企业资本结构管理

第一节 资本结构的构成

资本结构，是指企业各种资本的价值构成及其比例关系，是企业一定时期内筹资组合的结果。

比如，企业的筹资总额是 1 000 万元，其中 300 万元是向银行的借款筹资，700 万元是发行股票筹资，资本结构就是负债筹资占总筹资比例 30%，股票筹资占总筹资比例 70%。

接下来将从三个方面介绍资本结构。

1. 资本结构的划分

资本结构分为广义的资本结构和狭义的资本结构。

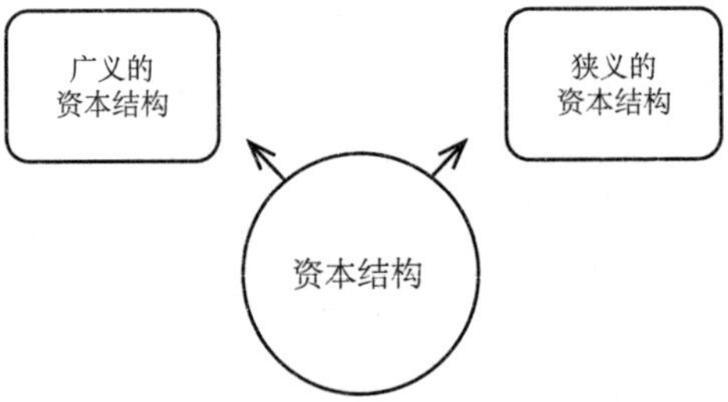

图 4.1.1　资本结构划分

广义的资本结构是指企业全部资本的构成及其比例关系，可以将企业一定时期内的资本分为债务资本和股权资本，或者短期资本和长期资本。

狭义的资本结构是指企业各种长期资本的构成及其比例关系，尤其是指长期债务资本与（长期）股权资本之间的构成及其比例关系。

2. 资本结构的层次构成

资本结构除了表现为负债与所有者权益之间的构成及其比例关系以外，我们还可以更进一步对资本结构进行层次分类。由于流动负债、长期负债构成了企业负债，因此流动负债结构、长期负债结构应运而生；由于投入资本、积累资本构成了企业所有者权益，因此投入资本结构、积累资本结构应运而生。

企业负债的构成及其比例关系和所有者权益的构成及其比例关系，对企业的发展意义重大。就企业负债的构成及其比例关系而言，企业可以通过对资本结构与资产结构的适应性及平衡性进行分析，还可以通过分析的结果对企业资本的种类进行说明。所有者权益的构成及其比例关系，对企业资本结构的成本水平进行了具体的提示，也对企业资本结构的风险程度以及弹性大小进行了提示。

3. 资本结构的种类

资本结构种类主要分为两种：一种是资本的属性结构，另一种是资本的期限结构。两者虽然都是指企业资本的价值构成及其比例关系，但资本的属性结构指的是不同属性的资本，资本的期限结构指的是不同期限的资本。

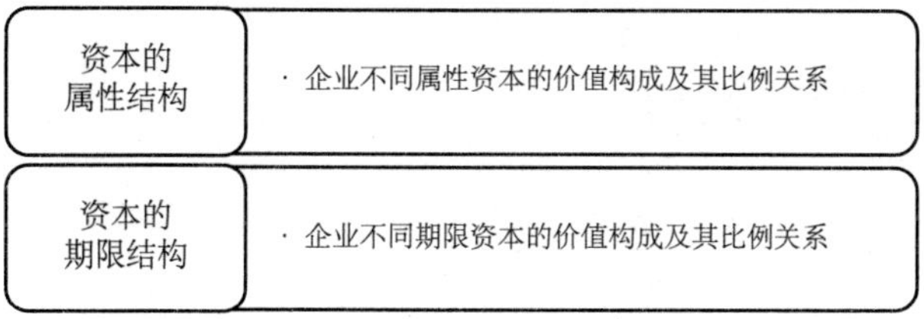

图 4.1.2 资本结构种类

资本结构将企业债务和股权之间的构成及其比例关系反映出来，还是反映企业财务状况的一项重要指标。企业的偿债、再融资以及未来的盈利能力在一定程度上由资本结构决定，因此，企业一定要使资本结构合理化，这样不仅可以降低企业的融资成本，还可以让财务杠杆发挥调节作用，进而让企业的自有资金收益率实现最大化。

第二节 资本结构的影响因素

资本结构是反映企业财务状况的重要指标。为了保持企业财务状况的稳定，企业不仅要充分认识资本结构，还要弄清楚哪些因素会对资本结构造成影响。

资本结构的影响因素包括企业的资产结构、企业的稳定性和成长性、企业的财务状况和信用等级、企业所有者和管理当局的风险态度、行业特征、企业发展阶段、税收政策和货币政策。

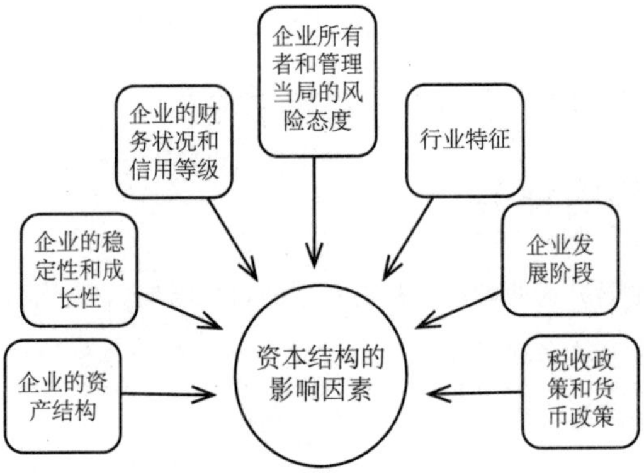

图 4.2.1 资本结构的影响因素

1. 企业的资产结构

资产结构指的是企业筹集到的资金以及分配使用资金后的资金占用结构。

资产结构对资本结构的影响有以下几个方面通过长期负债、发行股票筹集资金，是拥有大量固定资产企业获得资金的主要途径；对于流动资产比较多的企业而言，企业可以通过流动负债筹集资金；资产与抵押贷款更匹配的企业，负债比较多；主要从事技术研发的企业，负债比较少。

拥有大量固定资产的企业	· 通过长期负债、发行股票筹集资金
流动资产比较多的企业	· 通过流动负债筹集资金
资产与抵押贷款更匹配的企业	· 企业负债比较多
主要从事技术研发的企业	· 企业负债比较少

图 4.2.2 资产结构对资本结构的影响

2. 企业的稳定性和成长性

企业经营状况的稳定程度对资本结构的影响很大：如果企业经营状况是稳定的，那么企业可以承担的固定财务费用会比较多；如果企业经营状况是不稳定的，那么企业需要承担的财务风险会比较大；如果企业产销业务量的增长水平比较高，那么企业可以通过采用高负债资本结构的方式，将企业权益资本的报酬提升。

经营状况稳定	· 企业可以承担较多的固定财务费用
经营状况不稳定	· 企业需要承担较大的财务风险
企业产销业务量增长率高	· 采用高负债的资本结构，将企业权益资本的报酬提升

图 4.2.3 企业的稳定性和成长性对资本结构的影响

3. 企业的财务状况和信用等级

如果企业的财务状况良好、稳定，且信用等级比较高，那么债权人向企业提供信用的意愿较强，企业可以轻松获得债务资本；如果企业的财务状况不好、不稳定，且信用等级比较低，致使债权人需要承担较大的投资风险，那么，企业获得信用的能力不仅会被降低，还会增加企业债务资本筹资的成本。

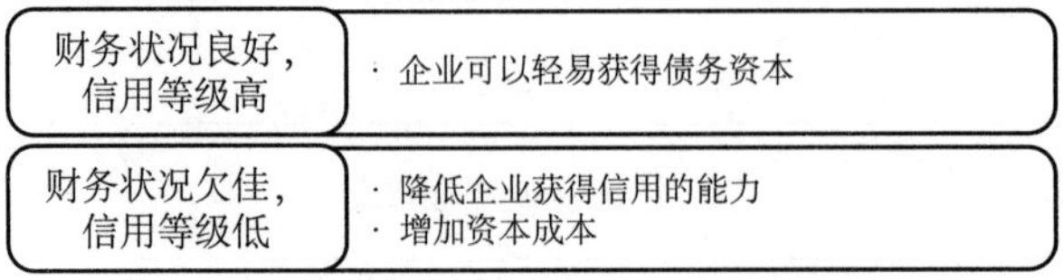

图 4.2.4 企业的财务状况和信用等级对资本结构的影响

4. 企业所有者和管理者的风险态度

对于企业所有者而言，如果企业股权分散，为了分散风险，企业最有可能采用的方式就是权益资本筹资；如果企业由少数股东控制，企业通常不会采用普通股筹资，而是采用优先股筹资或者债务资本筹资来降低控股权被稀释的风险。

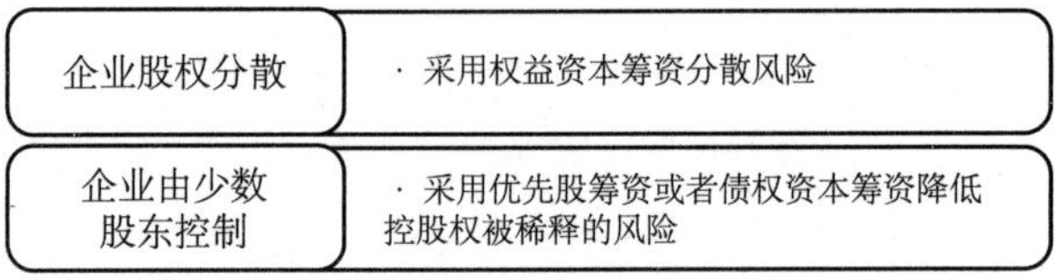

图 4.2.5 企业所有者的风险态度对资本结构的影响

对于企业管理者而言，高负债资本结构其财务风险相对会比较高。如果企业出现经营不善的情况或者面临财务危机，管理者有可能会被董事会解聘。基于此，相对于高负债比例的资本结构，稳健的管理者更偏向于选择低负债比例的资本结构；激进的管理者更偏向于选择高负债比例的资本结构。

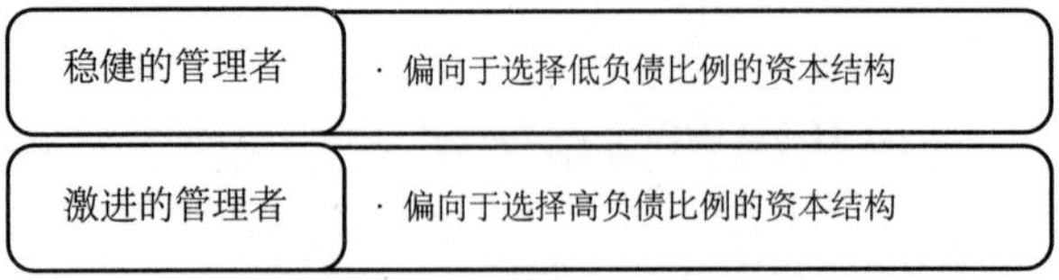

图 4.2.6 企业管理者的风险态度对资本结构的影响

5. 行业特征

行业不同，其资本结构也不同：产品市场比较稳定的成熟企业，其面临的经营风险相对比较低，因此企业可以将债务资本的比重提高，让财务杠杆的作用得到发挥；对于高新技术企业而言，无论是产品、技术还是市场，都发展不成熟，企业面临极高的经营风险，因此企业可以降低债务资本的比重来控制财务风险。

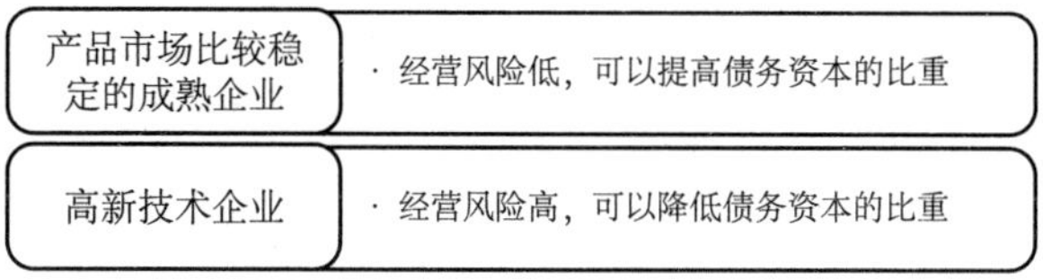

图 4.2.7 行业特征对资本结构的影响

6. 企业发展阶段

企业所处的发展阶段不同，对于资本结构的安排也会不同：处于初创阶段的企业，由于面临极高的经营风险，所以应该对债务资本比重进行控制；处于发展成熟阶段的企业，其产品产销业务量在这一阶段相对比较稳定且增长速度具有可持续性，所以面临的经营风险比较低，可以适度增加债务资本比重；企业处于收缩阶段时，市场占有率下降导致企业面临的经营风险越来越高，为了让企业有足够的现金流量偿还到期债务，确保企业经营能力的持续性，企业应该将负债资本的比重逐步降低。

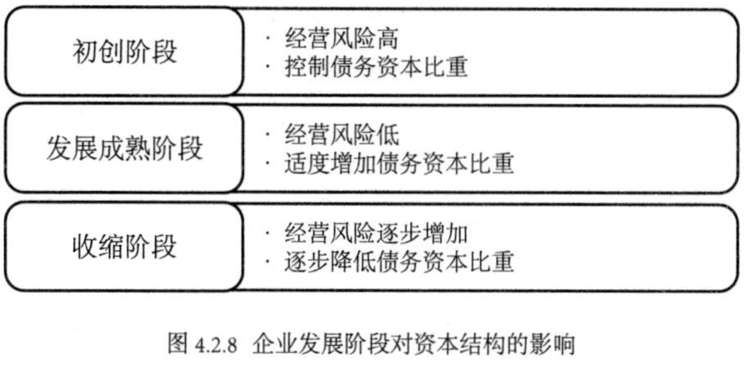

图 4.2.8 企业发展阶段对资本结构的影响

7. 税收政策和货币政策

税收政策和货币政策是政府调控经济的手段。企业可以将债务产生的利息用来抵税，所得税税率越高，可以用来抵税的利息就越多。即：所得税税率低，债务资本的抵税作用就小；所得税税率高，债务资本的抵税作用就大。企业可以充分发挥税率的这种作用，达到让企业价值得到提高的目的。

货币政策不仅对资本供给带来影响，还对利率水平的变动产生着影响。当国家实行紧缩的货币政策时，利率提高，会增大企业债务资本的成本。

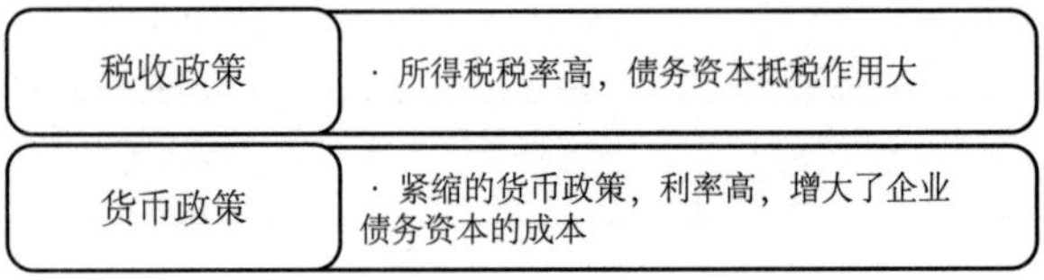

图 4.2.9 税收政策和货币政策对资本结构的影响

对企业资本结构具有影响作用的因素有很多，企业一定不能只单纯地考虑一种影响因素，而是应该多方面考虑。只有这样，企业才能获得最优资本结构，实现企业财务最大化的目的。

第三节 债务资本的管理

传统财务观念的资本结构包括两部分：债务资本和股权资本。

债务资本，指的是债权人向企业提供的短期贷款以及长期贷款，应付账款、票据以及其他应付款等商业性债款不包含在内。

1. 债务资本的内容

（1）短期贷款

银行和其他金融机构一般会采用短期贷款的形式向企业发放贷款。从一定程度上来说，贷款的期限越长利率就越高，短期贷款的期限是一年及一年以下，最短为 3 个月，因此短期贷款具备期限短、利率低、风险低的特点。基于短期贷款利率低这一特点，企业用于流动、偿还的资金会比较稳定。

按照用途和使用目的划分短期贷款，可以将短期贷款分为流动资金借款、临时借款以及结算借款等；按照借款方式划分短期贷款，可以将短期贷款分为四种，即保证贷款、抵押贷款、质押贷款以及信用贷款。

（2）长期贷款

企业只依靠自有资金完成一个投资项目往往是不现实的，还需要对外举债获得大量的资金，而长期贷款是项目投资中的主要资金来源之一。因此，即使长期贷款存在期限长、风险高、利率高、流动性差等缺点，但它依然受到了企业管理者的青睐。

通常情况下可以采用新债调换旧债的方式偿还长期贷款，除此之外，还可以通过偿债基金、分批偿还的方式定期偿还长期贷款。如果按照付息方式、本金偿还方式划分长期贷款，可以将长期贷款分为三种，即分期付息到期还本长期借款、到期一次还本付息长期借款以及分期偿还本息长期借款。

2. 债务资本的特点

债务资本的特点主要表现在以下三个方面。

① 债务资本的还本付息现金流出期限结构不仅要固定，还要明确，同时还要有明晰的法律责任。

② 在债务资本收益固定的情况下，对于经较高风险的投资获得的超额收益，债权人没有分享权。

③ 在会计账面不亏损的情况下，在税前将债务利息进行列支可以让企业的财务负担减少。

3. 债务资本的筹资方式

债务资本的筹资方式主要有银行贷款、发行债券、融资租赁、商业信用等。

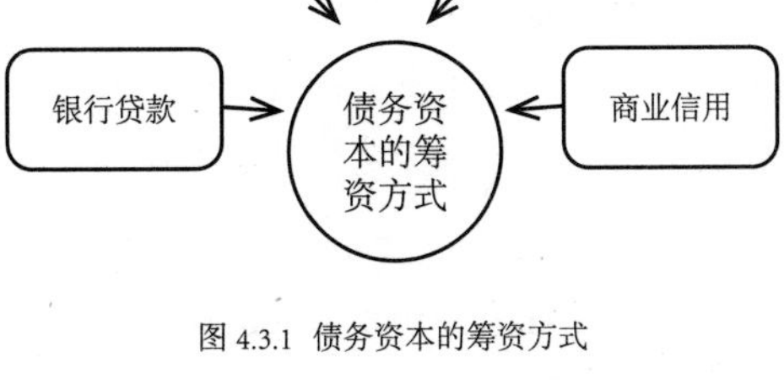

图 4.3.1 债务资本的筹资方式

（1）银行贷款

银行贷款，指的是企业从银行或者其他金融机构借入的款项，且这一款项是需要计算利息的，也就是说企业需要到期还本付息。这笔款项主要用来购建固定资产以及被当作流动资金用来周转。

① 按照提供贷款的机构进行分类，可以将银行贷款分为政策性银行贷款、商业银行贷款和其他金融机构贷款。

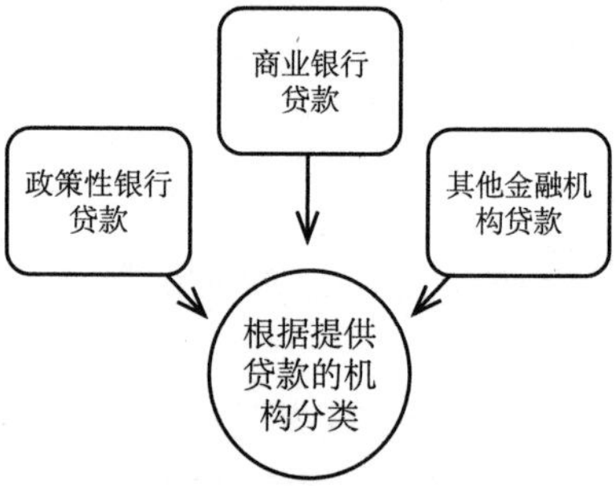

图 4.3.2　根据提供贷款的机构分类

政策性银行贷款，指的是企业可以从执行国家政策性贷款业务的银行借入款项。例如，企业承建国家重点建设项目，企业便可以从国家开发银行借入款项。

商业银行贷款，指各商业银行向工商企业提供贷款。

其他金融机构贷款，指的是企业从其他金融机构借入的贷款。其他金融机构可以是信托投资公司、可以是财务公司，也可以是保险公司。

② 按照机构对贷款有无担保要求进行分类，可以将银行贷款分为信用贷款和担保贷款。

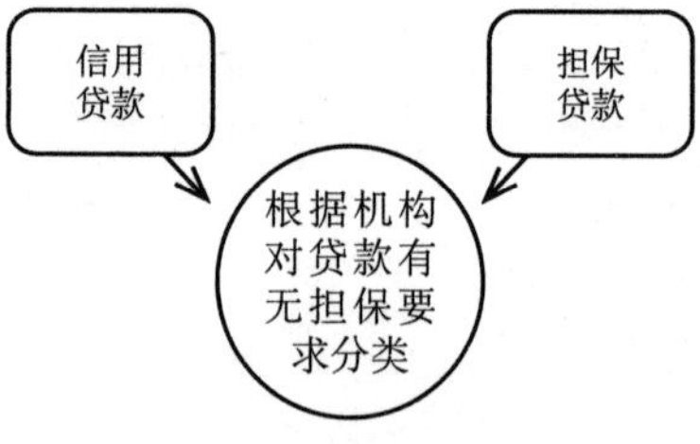

图 4.3.3　根据机构对贷款有无担保要求分类

信用贷款，指的是借款人凭借自身的信誉或者保证人凭借自身的信用而借入的贷款。也就是说，企业不需要进行任何财产抵押。由于这种贷款的风险较高，为了降低风险，银行不仅会收取较高的利息，还会附加一定的限制条件。

担保贷款，顾名思义就是企业依法通过提供担保而获得的贷款，提供担保的可以是借款人，也可以是第三方。

③ 按照企业获得贷款的用途进行分类，可以将银行贷款分为基本建设贷款、专项贷款以及流动资金贷款。

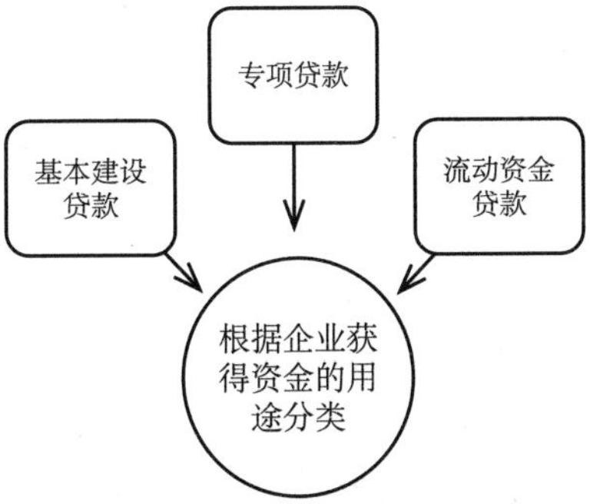

图 4.3.4 根据企业获得资金的用途分类

基本建设贷款，指的是企业为了满足基本建设项目对资金的需求而借入的贷款。比如，某从事水利水电业务的企业承包了某个重要施工工程，但缺少资金。由于该企业有较强的短期偿还债务的能力和较低的财务风险，所以为了筹集资金，该企业向银行递交了 4000 万元贷款申请，借款期限为 1 年。筹集的这笔贷款主要用于工程施工方面的业务。

专项贷款，顾名思义就是专门用来满足某一用途而借入的贷款。例如，专门用来研发和研制新产品的贷款。

流动资金贷款，目的是满足企业对短期资金的需求。比如，以建材销售为主营业务的 A 企业，由于受到房地产行业不景气的影响无法将应收账款按时收回，进而导致没有足够的资金支付应收账款。为了解决财务危机以及按时向供货商付款，A 企业向银行提交了借款期限为 2 年的 2000 万元流动资金的贷款申请。

（2）发行债券

依据国家相关法律法规的规定，企业可以向社会发行债券。在获得中国人民银行的批准以后，企业可以自行向社会发行债券，也可以委托其他金融机构代替企业向社会发行债券。需要注意的是，《企业债券管理条例》第十六条规定企业发行企业债券的总面额不得大于该企业的自有资产净值。第十八条规定企业债券的利率不得高于银行相同期限居民储蓄定期存款利率的40%。而且，企业的投资项目必须是固定资产投资。

（3）融资租赁

融资租赁，指的是对于资产的使用事项，资产的所有者和资产的使用者二者之间达成约定并签订不可撤销的合同。

融资租赁是一种既实现了使用价值，又分离了所有权和使用权的交易方式。

（4）商业信用

商业信用，指的是企业在经营活动和商品交易中，以延期付款或预收账款的方式进行购销活动而形成的企业的信贷关系。

4. 债务资本的计算公式

（1）资产负债率

资产负债率，指的是负债总额与资产总额之间的比例。

资产负债率的计算公式：资产负债率 = 负债总额 ÷ 资产总额 ×100%

该百分比数值越大，说明企业扩展经营的能力以及股东权益的运用就越强、越充分。不过，该百分比数值越大也说明企业有太多的债务，企业偿还债务的能力会受到相应的影响。

一般而言，企业的资产负债率保持在40%—60%是比较适宜的。如果企业的资产负债率低于40%，说明企业有较强的偿债能力；如果企业的资产负债率高于60%，或者达到100%甚至超过100%，说明企业已经陷入资不抵债的困境，正面临着极高的财务风险，甚至面临着资金链断裂和破产的局面。

（2）长期负债率

长期负债率，指的是长期负债除以资产总额的百分比。通过长期负债率，在一定程度上可以对企业的债务状况做出一个判断。

长期负债率的计算公式：长期负债率 = 非流动负债 ÷（资产总额 − 无形资产）×100%

长期负债率越小，说明企业面临的长期偿债的压力就越小；长期负债率越大，说明企业面临的长期偿债的压力就越大。一般而言，长期负债率不宜过高，最好保持在 20% 以下的水平。

使用债务资本可以让企业的资本成本降低，减少企业的财务负担。希望企业可以做好债务资本的管理工作。

第四节 股权资本的管理

股权资本，指的是企业采用发行有价证券的方式而获得的资本，有价证券包括股票、债券等。

1. 股权资本的构成

股权资本主要由全民所有制企业的自有资金和集体所有制企业的自有资金构成。

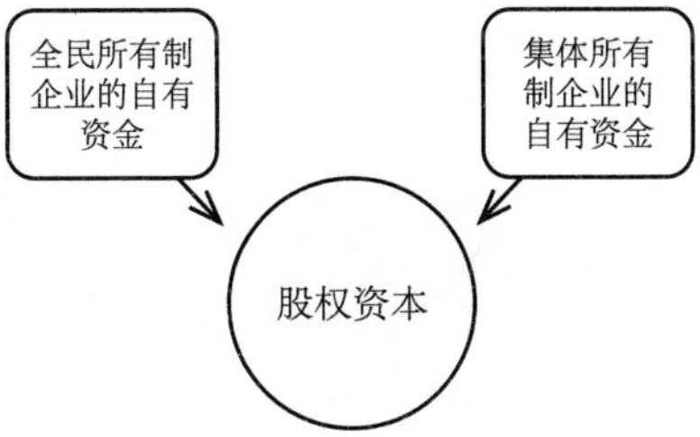

图 4.4.1 股权资本的构成

（1）全民所有制企业的自有资金

全民所有制企业的自有资金主要包括三部分资金：

① 国家财政拨款和固定资产的无偿调入。

② 企业内部积累，即企业按照国家法律法规的相关规定，从成本以及税后留利中提存的可自行支配的专用资金。

③ 定额负债，即企业按照相关法律法规以及结算程序的规定，能够经常自行支配应付款项和预付款项中的一部分资金。

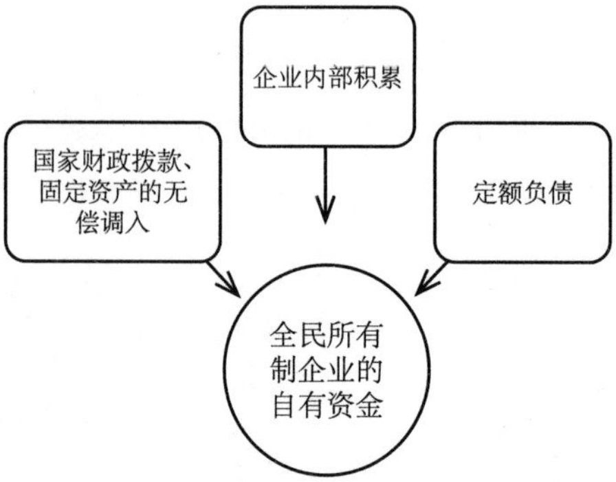

图 4.4.2　全民所有制企业的自有资金

（2）集体所有制企业的自有资金

集体所有制企业的自有资金主要由两部分资金组成：一部分是股金，即企业职工投入的股金；另一部分是企业内部积累形成的专用基金，包括公积金、公益金等。

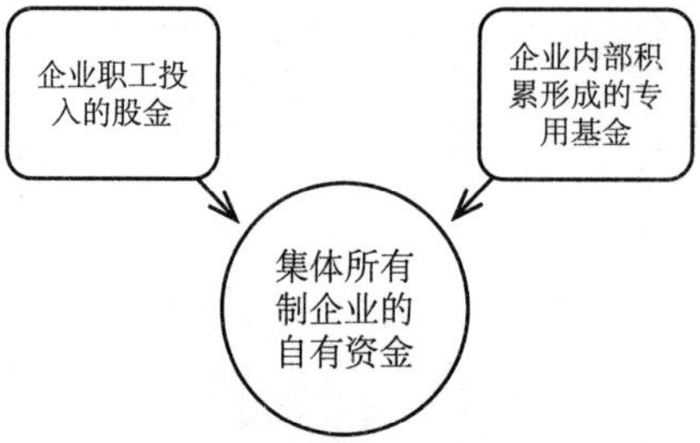

图 4.4.3　集体所有制企业的自有资金

2. 股权资本的属性

股权资本的属性表现在两个方面：

（1）企业拥有股权资本的所有权。

（2）企业依法享有股权经营权。

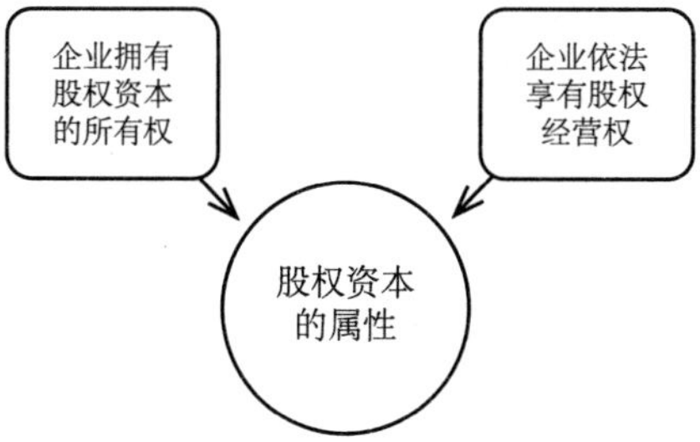

图 4.4.4 股权资本的属性

3. 股权资本的筹资方式

股权资本的筹资方式主要包括吸收直接投资、留存收益、认购股权等方式。

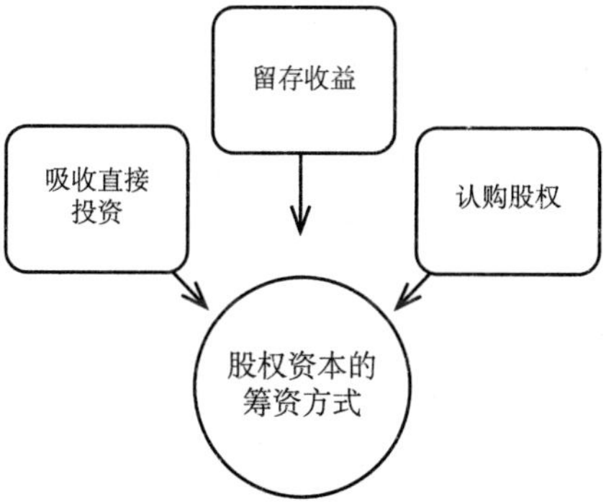

图 4.4.5 股权资本的筹资方式

（1）吸收直接投资

吸收直接投资，指的是企业秉承一定的原则，对国家、法人、个人、外商投入资金进行吸收的一种筹资方式。需要秉承的原则是“共同投资、共同经营、共担风险、共享利润”。

吸收直接投资的优点表现在：能够让生产力尽快形成，保证信息沟通的流畅性。其缺点表现在：资金成本比较高，影响产权交易的进行。

（2）留存收益

留存收益，指的是企业从历年实现的利润中提取或形成的留存于企业的内部积累。

留存收益包括两大类：一类是盈余公积，另一类是未分配利润。

盈余公积，指的是企业根据相关法律法规的规定，从净利润中提取的积累资金。在得到批准以后，公司可以将提取的盈余公积用来弥补亏损、转增资本、发放现金股利、发放现金利润等。

未分配利润，指的是企业未做分配的利润，也就是从净利润中将亏损进行弥补、将盈余公积提取完毕、将利润分配给投资者以后，留存在企业的利润。与所有者权益其他部分相比，企业对于未分配利润的自决使用权会更大一些。

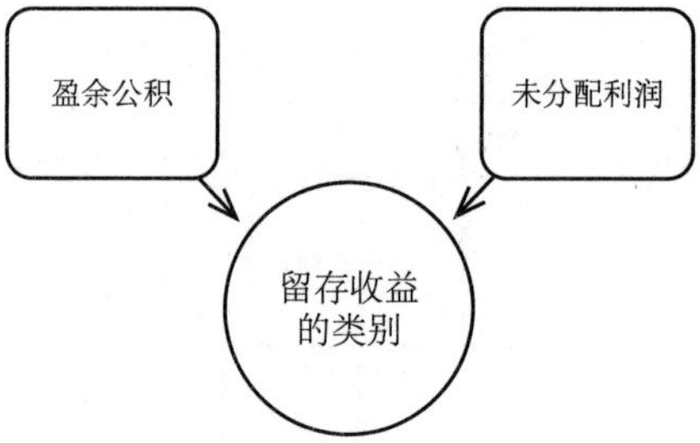

图 4.4.6　留存收益的类别

（3）认购股权

认购股权，是指公司面向普通投资者出让一定比例的股份，投资者通过出资入股公司获得未来收益。

认购股权赋予了持有者一种权利，即在一定时间内，持有者可以按照之前约定好的价格优先购买一定数量的股票。

从财务管理角度来看，股权资本的筹资资本最高，能够保证企业可持续稳定经营。因此，企业一定要做好股权资本管理。

第五章

企业投资管理与决策

第一节 投资价值的衡量

衡量企业的投资价值，主要看四个财务指标，即市盈率、市净率、市现率以及市销率。

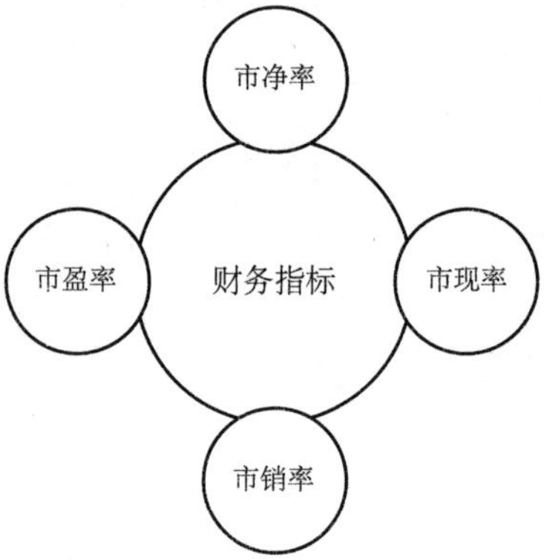

图 5.1.1 衡量企业投资价值的财务指标

1. 市盈率

市盈率全称市价盈利比率，指的是股票价格和每股收益之间的比率。

市盈率的计算公式：市盈率 = 股票价格 ÷ 每股收益

需要注意的是，在计算市盈率时股票价格一般都是采用最新的股票收盘价。比如，某股票的股票市场价格是25元，前12个月该股票的每股盈利是4元，市盈率为6.25（市盈率 =25÷4=6.25）。

市盈率常用来作为评估股票水平是否合理，或者比较不同价格的股票是否被高估和低估的指标。市盈率是一个相对指标，需要和行业平均市盈率进行比较。这里说的“行业”指的是该企业本身所在的行业，比如从事高新技术的企业的市盈率，不能和房地产行业或者其他行业进行对比，只能和高新技术行业的平均市盈率进行比较。

一般情况下市盈率越低越好。市盈率低说明股票价格低，每股收益高，也就是说企业可以用更少的钱买到每股更高的收益。这也说明了一个问题，那就是该企业具有更高的投资价值。继续以上面例子为例，经过计算可以得出该股票的市盈率是 6.25，也就是说每付出 6.25 元便可以分享 1 元的盈利。如果该股票的股票市场价格是 20 元，前 12 个月该股票的每股盈利是 6 元，那么市盈率为 3.33（市盈率 $=20\div6\approx3.33$），也就是说每付出 3.33 元便可以分享 1 元的盈利。同样是分享 1 元的盈利，一个需要付出 6.25 元，一个需要付出 3.33 元，自然是后者更划算，即用更少的钱买到每股更高的收益。

市盈率有两个不容忽视的缺点：一是每股收益不一定是正数，还可能是负数，如果是负数的话，市盈率就没有任何意义可言；二是每股收益可以被轻易操控。净利润除以在外发行的股份数就是每股收益，虽然在外发行的股份数不易被控制，但是可以控制净利润。因为收入减去成本，扣除利息、税等以后就是净利润，而收入和成本可以被轻易操控。

计算公式	· 市盈率 = 股票价格 ÷ 每股收益
用途	· 评估股票价格是否合理的指标
意义	· 市盈率越低，说明企业更有投资价值
缺点	· 每股收益可能是负数，如果是负数，那市盈率便没有意义了 · 每股收益可以被轻易操控

图 5.1.2 市盈率

2. 市净率

市净率指的是每股股价与每股净资产的比率。

市净率的计算公式：市净率 = 每股市价 ÷ 每股净资产

通过市净率可以看出股票的市场交易价格与净资产存在怎样的倍数关系，也可以看出购买 1 元的净资产需要的成本是多少。简单来说，股票的市净率低，说明股票的市价低于净资产，可以用更少的钱买到一定数量的净资产。也就是说，股票的市净率越低，其投资价值便越高；如果股票的市净率越高，其投资价值就越低。

与市盈率相比，市净率最大的优点是相对比较稳定。

（1）在短时间内企业的盈利情况会发生大幅的变动，净资产却很少发生较大的波动，所以与市盈率相比，市净率能够将估值水平的变化更稳定地反映出来。

（2）市净率适用于亏损企业。虽然没办法用市盈率对亏损企业进行估值，但通常情况下，净资产几乎都是大于零的，所以可以用市净率对亏损企业进行估值。

计算公式	· 市净率 = 每股市价 ÷ 每股净资产
意义	· 市净率越低，其投资价值就越高 · 但在衡量投资价值时需要考虑其他因素
优点	· 相对比较稳定，能稳定反映估值水平的变化 · 可以用市净率对亏损企业进行估值

图 5.1.3　市净率

3. 市现率

市现率，指的是股票价格与每股现金流的比率。

市现率的计算公式：市现率 = 股票价格 ÷ 每股现金流

评估股票价格以及风险水平，市现率是非常重要的指标。通常情况下，市现率越低，则意味着上市企业的每股现金流增加额越多，企业的经营压力就越小。

很多投资者会采用市现率评估股票的价值，进而做出买入的投资策略或卖出的投资策略。需要注意的是，投资者不能仅凭市现率就做出投资决策，而是应该将其作为投资决策的辅助性工具。这是因为市现率的高低没有绝对的标准，它是由各个行业有不同的现金流需求决定的。比如，由于销售行业的产品周转次数比较多，所以企业要求的现金流会比较高，基于此销售行业的市现率越低越好；对于以固定资产为主的公路运输企业，对现金流的要求则恰恰相反，这类企业对现金流没有太大的需求，所以市现率越高越好。

计算公式	· 市现率 = 股票价格 ÷ 每股现金流
注意事项	· 要将市现率作为投资决策的辅助性工具 · 市现率没有绝对的标准

图 5.1.4 市现率

4. 市销率

市销率，指总市值和主营业务收入的比值，换种说法是股票价格和每股销售额的比率。

市销率的计算公式：市销率 = 总市值 ÷ 主营业务收入或者市销率 = 股票价格 ÷ 每股销售额

从计算公式可以看出，市销率中的营业收入指的不是非主营业务收入，而是主营业务收入。这对考察企业收益基础的稳定性、可靠性大有裨益。企业的市销率越低，说明企业的投资价值越高。比如，A、B 两家企业，A 企业的总市值为 100 亿元，主营业务收入为 25 亿元，那么 A 企业的市销率 =100÷25=4；B 企业的总市值为 130 亿元，主营业务收入为 38 亿元，那么 B 企业的市销率 =130÷38 ≈ 3.42。市销率指的是为了获得销售收入需要支付的成本，市销率越大成本越高，而 A 企业市销率是 4，B 企业市销率是 3.42，相比之下，B 企业为获得销售收入需要支付的成本比较低，因此更具投资价值。

使用市销率衡量企业投资价值时，需要注意以下两个问题。

（1）对销售周期或者销售季节有要求的行业进行分析时，需要在一个完整的销售周期内进行对比。比如，冷饮行业夏季的销售情况和冬季的销售情况会出现极大的反差，因此就算一时的市销率发生了极大的波动，也不能说明任何问题。

（2）市销率描述的是企业的收入情况，如果企业以牺牲成本的手段进而达到让市场占有率得到扩展的目的，这样的做法会在极大程度上影响市销率的真实性。

计算公式	· 市销率 = 总市值 ÷ 主营业务收入 · 市销率 = 每股价格 ÷ 每股销售额
意义	· 市销率越低，说明该公司股票的投资价值越大
注意事项	· 需要在一个完整的销售周期内对销售周期有要求的行业进行比较 · 不能以牺牲成本的手段提升市场占有率，否则会影响市销率的真实性

图 5.1.5 市销率

市盈率、市净率、市现率以及市销率是衡量企业投资价值的重要指标，希望企业可以充分运用这四个指标。

第二节 投资方式的选择

按生产经营关系、在生产中的作用、投资回收时间、构成的企业资产性质以及投资方向和范围不同进行分类，企业投资方式主要包括以下几种。

1. 按生产经营关系分类

按生产经营关系进行分类，企业投资方式包括直接投资和间接投资。

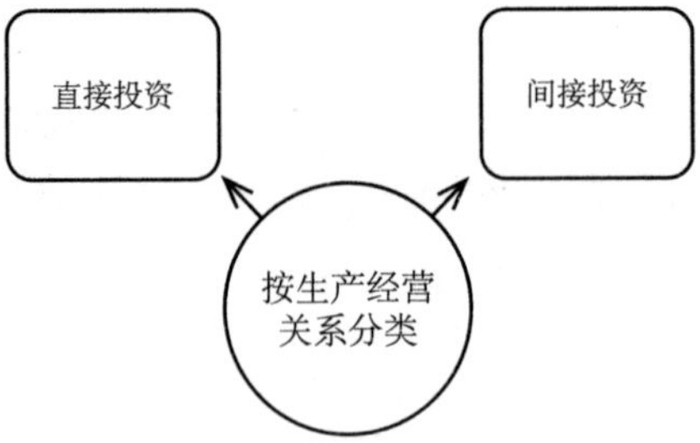

图 5.2.1 投资方式按生产经营关系分类

直接投资，指的是投资者直接将货币资金投入项目中，达到获取利益目的的投资方式。

直接投资方式的主要表现形式如下：

（1）投资者独自开办企业、设立店面等，且拥有独立经营权。

（2）投资者与其他企业合作开办企业，且拥有直接经营企业的权力，在管理方面会派人进行直接管理或参与管理。

（3）投资者不参与经营，只投资入股，但特殊情况时可以派人对企业的经营进行指导。

（4）投资者购入现有企业相当数量的股票，进而获得全部经营权或者部分经营权，最终实现收购该企业的目标。

间接投资，指的是投资者将货币资金用于购买各种有价证券，进而达到获取一定收益目的的投资方式。

与直接投资方式相比，间接投资的投资者不得对其投资部分的具体运用和经营管理进行干预，享有的权利通常只有定期获取一定收益。此外，在资本运营方面，间接投资相对比较灵活，无论是调用还是转卖都可以随时进行。

2. 按在生产中的作用分类

按照在生产中的作用进行分类，企业投资方式包括建设性投资、更新性投资、追加性投资以及转向性投资四种。

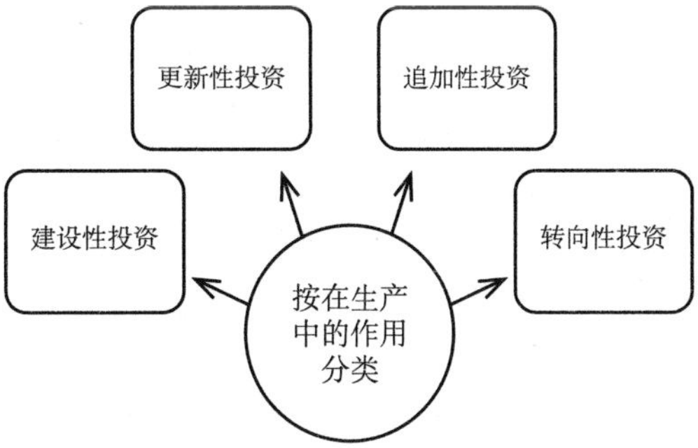

图 5.2.2 投资方式按在生产中的作用分类

建设性投资，指的是新项目建设性投资。

更新性投资，指的是维持简单再生产的更新改造性投资。

追加性投资，指的是扩大再生产的追加性投资。

转向性投资，指的是对生产经营方向做出调整的转向性投资。

3. 按投资回收时间分类

按投资回收时间进行分类，企业投资方式包括长期投资和短期投资两种。

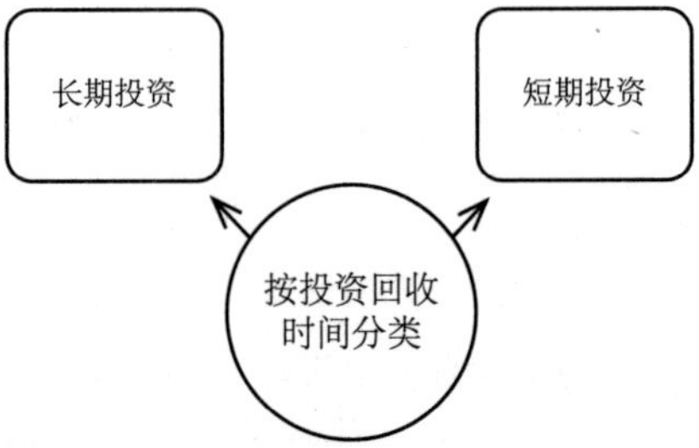

图 5.2.3 投资方式按投资回收时间分类

长期投资，指的是超过一年时间才能将投资收回的投资方式。它主要指的是对能够形成生产能力、物质技术基础的投资，如对房屋的投资、对建筑物的投资或者对设备的投资等，它还包括对无形资产的投资和对长期有价证券的投资。

短期投资，指的是在一年期内就能将投资收回的投资方式。短期投资主要指的是对现金应收账款的投资、对存货的投资等，有持有时间短、随时可以上市流通且容易变现的特点。

通常而言，长期投资比短期投资风险高，长期投资的收益往往比短期投资高。长期投资与短期投资具体对比如表 5.2.1 所示。

表 5.2.1 长期投资与短期投资的对比

分类	每次耗资	回收期	变现能力	风险系数	发生的次数	当资产总额以及筹资组合保持不变时，频繁投资
长期投资	耗资比较多	比较长	比较弱	比较高	不频繁发生	虽然风险会提高，但盈利会相对增加
短期投资	耗资比较少	比较短	比较强	比较低	比较频繁发生	虽然风险会降低，但盈利也会相对地减少

4. 按构成的企业资产性质分类

按构成的企业资产性质进行分类，企业投资方式包括固定资产投资、流动资产投资以及无形资产投资三种。

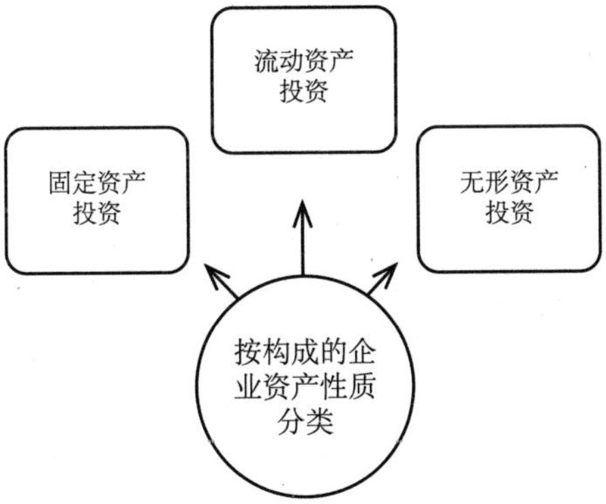

图 5.2.4 投资方式按构成的企业资产性质分类

固定资产投资，指的是将企业在一定时期内，建造固定资产的工作量与购置固定资产的工作量用货币形式表现出来，将与建造和购置固定资产相关的费用变动情况也用货币形式表现出来的一种投资方式。

流动资产投资，指的是投资主体为了获得流动资产而进行投资的一种投资方式。

无形资产投资，指的是投资人以无形资产如商标权、专利权等进行资产投入的一种投资方式。

5. 按投资方向和范围分类

按投资方向和范围进行分类，企业投资方式包括对内投资和对外投资两种。

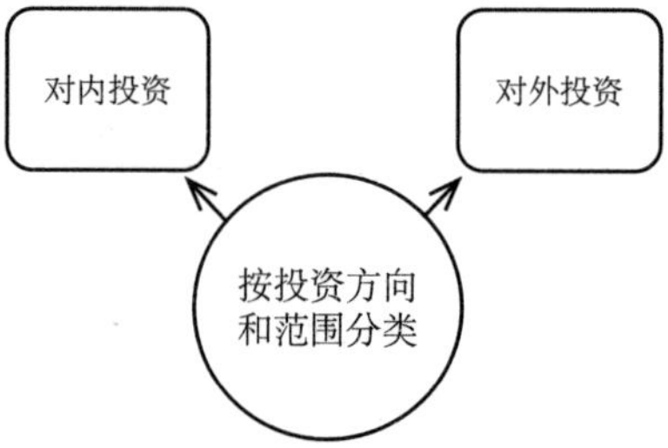

图 5.2.5　投资方式按投资方向和范围分类

对内投资，指的是在企业内部进行资金投放。投资的形式可以是流动资产、固定资产，也可以是无形资产。

对外投资，指的是企业将资金投放到其他单位。投资的形式可以使用现金、实物、无形资产等方式进行投资，也可以用购买股票等有价证券的方式进行投资。

从理论上讲，对内投资的风险比对外投资的风险低，相应地，对内投资的收益比对外投资的收益低。

企业投资方式多种多样，企业可以根据自身发展需要和资金情况选择合适的投资方式进行投资，从而达到扩大企业规模、提高质量、降低成本等目的。

第三节　投资决策的基础

为了企业的发展和未来，实现企业的管理目标，企业的管理者必须做出正确且适当的投资决策。而投资决策的基础就是资本预算。

资本预算又称建设性预算、投资预算，指的是企业为了寻求更好发展而做出的资本支出计划。

1. 资本预算的步骤

资本预算是对企业投资的管理和规划，资本预算的目的是帮助企业找到更好的投资机会。资本预算没有固定的程序步骤，企业可以通过以下几个步骤进行资本预算，如图 5.3.1 所示：

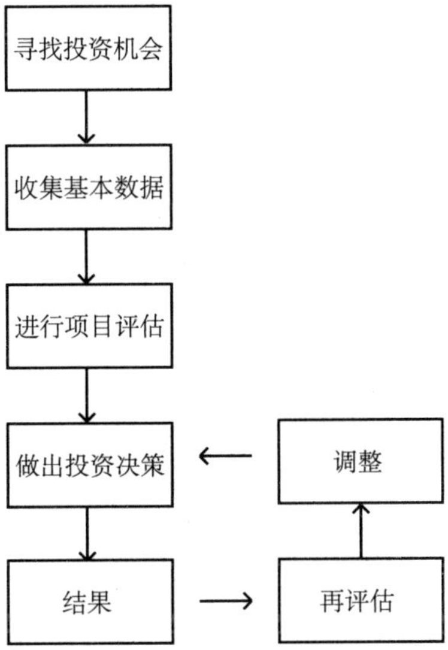

图 5.3.1 资本预算步骤

在进行资本预算时，需要注意两个问题：一是在收集基本数据时，现有的数据资料是远远不够的，只做市场调查也是不够的，企业的决策者还要对不同时间发生的可能性有所了解。企业决策者可以通过统计分析，对产品需求上涨的可能性或者产品需求下跌的可能性进行客观预测。二是完成数据收集和项目评估以后，企业投资者会做出最终的投资决策。但是，进行到这里资本预算的过程仍没有完成，在投资决策施行之后，企业决策者仍需要对投资结果进行持续监测，并根据监测的结果对项目未来的运行重新做出评估和调整。

2. 资本预算的特点

资本预算的特点主要有以下三个：

（1）资金量比较大。无论企业进行实体投资，还是金融资产投资，该投资占据企业的资金比例都会比较大。

（2）周期比较长。进行实体投资的周期一般为几年或者十几年。

（3）风险比较大。由于资金的占有量比较大，且运作周期比较长，所以企业会面临比较大的风险。

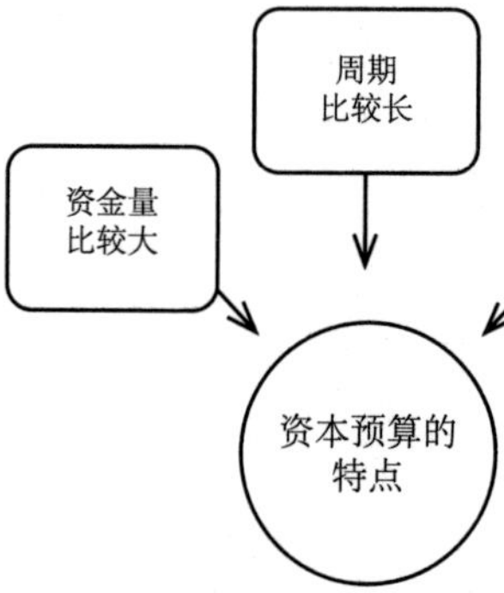

图 5.3.2 资本预算的特点

3. 资本预算的方法

资本预算的方法有很多，比较常见的是净现值法和获利指数法。

（1）净现值法

净现值法，指的是通过对净现金效益量的总现值和净现金投资量的运用，将净现值计算出来，然后以净现值的大小为依据对投资方案进行评价。

如果净现值为正数，则说明企业可以接受投资方案；如果净现值为负数，则说明企业不可以接受投资方案。净现值越小，说明投资方案越不好；反之，净现值越大，说明投资方案越好。

比如，在 2018 年的时候，A 企业想要对某个新产品进行投资，且初始投资金额为

140 万元。假设投资的这个新产品其寿命是 4 年，预测每年税后营业现金流入、每年税后营业现金流出以及每年折扣抵税分别为 120 万元、90 万元以及 9 万元，那么净现值计算过程如下：

2019 年至 2022 年每年税后营业现金净流量 = 2019 年至 2022 年每年税后营业现金流入 -2019 年至 2022 年每年税后营业现金流出 +2019 年至 2022 年每年折扣抵税 = 120-90+9 = 39（万元）

每年税后营业现金净流量总现值＝年金现值系数 ×2019 年至 2022 年每年税后营业现金净流量 = 3.1699×39 = 123.6261

净现值＝每年税后营业现金净流量总现值 - 初始投资 = 123.6261-140= -16.3739

由于计算出的净现值为负数，说明 A 企业如果对这个新产品进行投资，必定会亏本，因此 A 企业不能投资该产品。

净现值法有三个优点：

① 使用现金流，对于项目所获得的现金流量企业可以直接使用。

② 对于某特定时期以后的现金流量，其他资本预算方法会将其忽略，而净现值会将项目的全部现金流量包含在内。

③ 在对现金流量进行处理时，一些方法会将货币的时间价值忽略，而净现值则对现金流量进行了合理折现。

（2）获利指数法

获利指数，指的是投产后按基准收益率或设定折现率折算的各年现金流入量的现值合计与原始投资的现值合计之比。

如果获利指数大于等于 1，即投资项目的未来现金净流量的现值和原始投资额的现值之间的比值大于等于 1，则说明项目可行；如果获利指数小于 1，则说明项目不可行。

例如，如表 5.3.1 所示：

表 5.3.1 获利指数计算表

项目	方案 1	方案 2
原始投资现值	50000 元	5000 元
未来现金净流量现值	52000 元	6500 元
净现值	2000 元	1500 元

利用表格中的数据，可以得出：

方案 1 的获利指数 =52000/50000=1.04

方案 2 的获利指数 =6500/5000=1.3

方案 1 与方案 2 的获利指数都大于 1，说明项目可行。但方案 2 的获利指数大于方案 1，因此企业应当选择方案 2。

企业投资决策的基础是资本预算，恰当的投资选择能够体现企业的综合能力，也有助于企业的生存与发展。因此，企业一定要将资本预算运用得当，进而做出明智的投资决策。

第六章

企业融资渠道与方法

第一节　上市企业与非上市企业融资的方法

融资是企业根据自身的生产经营和资金实际情况以及发展需求，采用一定的方法、经过一定的途径筹集资金以确保企业生产经营活动需求以及经营管理活动需求的过程和行为。不同的企业有不同的融资方法和途径。

1. 上市企业的融资方式和途径

上市企业的融资方式主要有两种：一种是内源融资，另一种是外源融资。

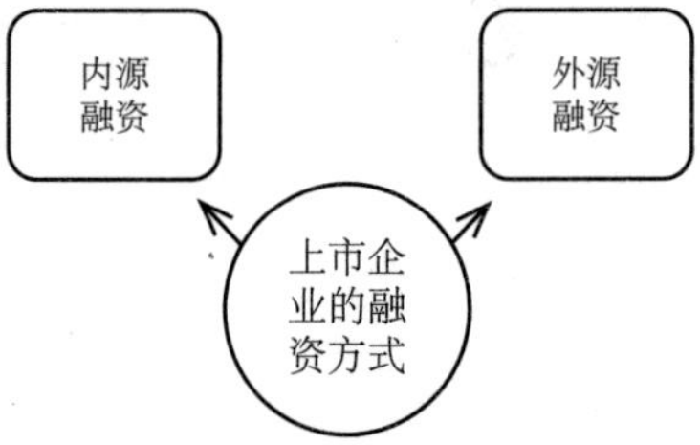

图 6.1.1　上市企业的融资方式

（1）内源融资

内源融资，指的是在企业内部进行融资。由于是在企业内部进行融资，筹集到的资金源自企业内部，所以企业不需要对外实际支付利息或股息，也不会产生任何融资费用，这就决定了内部融资的融资成本低于外部融资。企业可以采用留存收益、计提折旧、内部集资等方式进行内部融资。

（2）外源融资

外源融资，指的是向企业之外的其他经济主体筹措资金，换言之就是在企业外部进行融资。上市企业外源融资的方式主要有三种，分别为银行贷款、发行股票、企业债券等。此外，企业之间的商业信用、融资租赁在一定意义上也属于外源融资的范围。

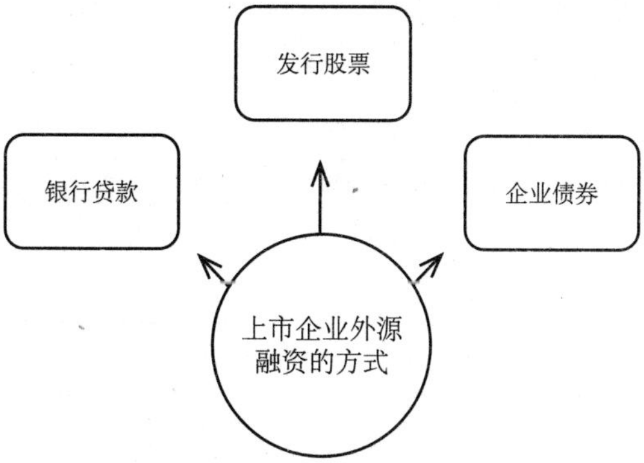

图 6.1.2 上市企业外源融资的方式

① 银行贷款

在债券融资中，银行贷款目前是最主要的方式。

银行贷款融资的优点主要有：融资程序比较简单、融资成本比较低，具有极强的灵活性。因此，只要企业的经营状况良好、盈利水平比较高，企业可以轻易筹集到资金。

银行贷款融资的缺点主要有：企业需要向银行提供抵押或者担保才能从银行借入款项，企业不仅只能筹集到有限的资金数额，还需要承担较大的还本付息的压力，会面临较高的财务风险。

银行贷款融资的优缺点	
优点： 1. 融资程序简单，成本低 2. 具有极强的灵活性 3. 筹集资金相对比较容易	缺点： 1. 企业需要提供担保或抵押 2. 筹集资金数额有限 3. 需要面对较大的还本付息压力以及较高的财务风险

图 6.1.3 银行贷款融资的优缺点

② 发行股票

发行股票融资，是指企业通过发行股票筹集资金。

发行股票融资的优点主要有：由于股票是企业永久性资本，所以企业不需要偿还，也不需要支付固定的利息或者费用，这在一定程度上将企业面临的财务风险降低了；由于预期收益比较高，在转让股票的时候比较容易，这增加了企业对社会资本吸收的容易度。

发行股票融资的缺点主要有：发行费用比较高，容易对公司的控制权造成不良的影响等。

发行股票融资的优缺点	
优点： 1. 财务风险比较低 2. 容易吸收社会资本	缺点： 1. 发行费用比较高 2. 分散公司的控制权

图 6.1.4 发行股票融资的优缺点

③ 企业债券

企业债券融资，是指企业依照法定程序向债权人发行、约定在一定期限内还本付息的有价证券，从而获取资金的一种融资方式。在本质上，债券和贷款虽然反映的关系是一样的，即反映的是借钱和还钱的关系，但债券仍与贷款有根本的区别，即可以公开对债券进行交易。

债券融资的优点主要有：融资成本比较低，可以让财务杠杆的作用得到发挥，可以为股本对企业的控制权提供保障。

债券融资的缺点主要有：融资规模有限，企业只能筹集到有限的资金数额；但需要面对较高的财务风险和比较多的限制条款。

企业债券融资的优缺点	
优点： 1. 融资成本比较低 2. 发挥财务杠杆作用 3. 确保企业的控制权	缺点： 1. 只能筹集到有限的资金数额 2. 财务风险比较高、限制条款比较多

图 6.1.5 企业债券融资的优缺点

2. 非上市企业的融资方式和途径

非上市企业的融资方式主要有四种，分别为股权质押融资、股权交易增值融资、股权增资扩股融资以及私募股权融资。

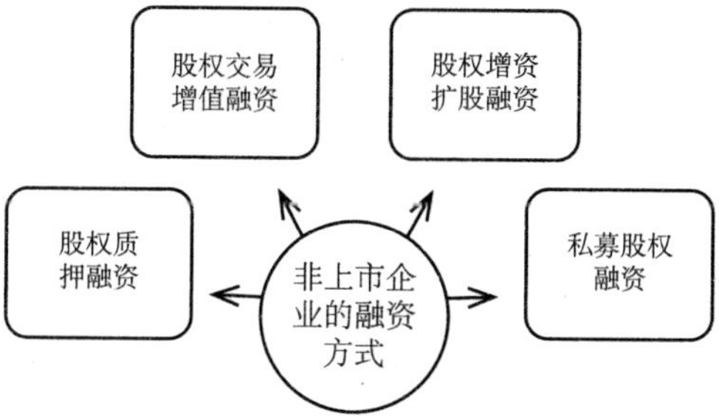

图 6.1.6 非上市企业的融资方式

（1）股权质押融资

股权质押融资，指的是出资人为了给自己或他人的债务提供担保，将其股权进行质押的行为。

对非上市企业而言，可以通过抵押不动产从银行获取贷款。然而，并不是所有的非上市企业都有足够的实物资产可以抵押，为了让非上市企业能够获得足够的发展资金，各地政府提出企业可以采取股权质押的方式进行融资。股权质押融资能够将静态的股权资产转变成动态的股权资产，这有助于中小企业走出融资困境。

（2）股权交易增值融资

企业的发展演变会经历四个阶段，依次为家族式企业、家族控股式企业、现代企业制度、私募股权投资。企业无论处于哪个阶段都离不开资本的流动和增值。为了吸收资本、吸引人才，企业可以采取将部分股权溢价出让的方式进行对资金的吸收和人才的吸引，进而达到让企业能够进一步扩张发展的目的。

（3）股权增资扩股融资

股份公司、有限责任公司在上市之前最常用的融资方式就是股权增资扩股。对股份公司而言，增资扩股指的是企业向指定的对象发行股票，新股东采用投资的方式入股或者原股东采取增加投资的方式将股权扩大。对有限责任公司而言，增资扩股指的是原股东具有优先按照实缴的出资比例认缴出资的权力。当企业增加注册资本时，如果所有的股东都放弃该权力，不按照实缴的出资比例优先认缴出资，那么便可以让新股东进行出资认缴。如此一来，便能增加企业的资金。

按照资金来源进行划分，可以将增资扩股分成内源增资扩股和外源增资扩股两种。内源增资扩股指的是企业原股东加大投资，让股东的股权保持不变或在一定程度上发生改变，使企业的资金增强。外源增资扩股指的是采用私募方式将国内外战略投资者以及财务投资者加以引入，从而使企业的资金增加，达到整合企业发展战略和行业资源的目的。

（4）私募股权融资

私募股权融资，指的是采用转让股权、增资扩股等方式引入特定的投资者，在股东增加的同时也让企业获得新的资金的融资方式。需要注意的是，引入的特定投资者累计不可超过 200 人。私募股权融资最大的特点是，其手续比较简便，企业不仅可以快速获得发展所需的资金，还无须进行任何抵押或担保。

上市企业和非上市企业的融资方式和渠道多样，企业需要根据自身生产经营状况选择融资方式，因为只有选对了融资方式才能获得所需资金。

第二节 短期融资的渠道与方法

短期融资的渠道与方法主要包括商业信贷、银行借款、商业票据、短期融资券以及典当抵押融资五种。

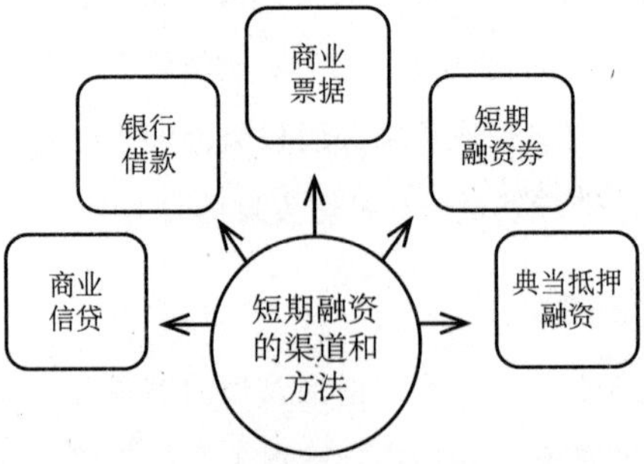

图 6.2.1 短期融资的渠道和方法

1．商业信贷

商业信贷，指的是在商业交易活动中产生的短期负债。

在商业交易活动中，企业通过赊购的方式向供货商购买原材料，可以暂时将货币支出进行延缓，从而获取一部分资金的临时使用权。在资产负债表中，这部分资金变现为应付账款。

商业信贷的特点是，作为企业融资来源，虽然便利却不正规。

如果企业不具备从金融机构获得信贷的资格，极大程度上会获得商业信贷。

销售商愿意提供融资给其客户有三个原因：一是销售商经验丰富，能够对客户的偿还能力和赊销风险做出很好的判断；二是销售商对客户的信誉状况有充足的了解；三是销售商深知客户所属行业的行销惯例。客户在采用商业信贷进行融资时一定要小心谨慎，因为信贷扩张与销售成本有内在的联系，销售商可能会采用将产品销售价格提高的方式对扩张的无条件信用的成本进行冲销。此外，当销售商提供现金折扣时，客户需要将商业信贷融资方式的使用成本研究清楚。

2．银行借款

银行借款，指的是企业从银行借入的款项。

为了降低贷款风险，在给企业提供短期贷款时，银行会要求企业提供担保，如果企业可以提供必要的担保，那么企业就能从银行借入贷款；否则将不能从银行借入贷款。

由于银行借款期限比较短，所以企业在使用银行借款进行融资时，提供的担保品需要具有极强的流动性，而应收账款、存货、应收票据等资产便具备极强的流动性。基于此，企业可以采用应收账款担保贷款、存货担保贷款、应收票据贴现贷款这三种方法从银行进行短期融资。

（1）应收账款担保贷款

应收账款担保贷款，指的是企业将其应收的账款当成担保从银行借入的资金。

需要注意的是，由于处理应收账款担保贷款的成本过于高，所以无论企业持有的应收账款质量有多高、多好，只要该应收账款是小额应收账款，企业通常都得不到以应收账款为担保的贷款。

(2) 存货担保贷款

存货担保贷款，指的是企业用其存货作为担保从银行借入的资金。

(3) 应收票据贴现贷款

应收票据贴现贷款，指的是企业把持有的、未到期的应收票据转让给贴现银行兑换获得现金。

企业虽然将应收票据转让给了银行，但应收票据违约风险没有一并转让给银行，因此企业还需要承担应收票据违约风险。即，如果在应收票据到期以后，付款人因为各种原因不能履行约定付款，那么贴现银行可以向企业进行追索。

3. 商业票据

商业票据，指的是由金融公司或部分信用比较高的企业开出的无担保短期期票。

按出票人进行分类，可以将商业票据分为银行汇票和商业汇票。

按承兑人进行分类，可以将商业票据分为商业承兑汇票、银行承兑汇票。

按付款时间进行分类，可以将商业票据分为即期汇票、远期汇票。

按有无附属进行分类，可以将商业票据分为光票、跟单汇票。

企业通过短期汇票进行短期融资最大的好处是，不需要担负较高的融资成本，也不用和金融公司签订协议，手续比较简单便捷。然而，这种融资方式受两方面限制：一是受资金提供方资金规模的限制，二是票据市场上企业自身知名度的限制。基于此，这种短期融资方式不适用于小企业，比较适用于大企业。

4. 短期融资券

短期融资券，指的是企业在银行间债券市场发行与交易，且承诺会在一定时期内还本付息的有价证券。

按发行方式进行分类，可以将短期融资券分为经纪人代销的融资券和直接销售的融资券。

按发行人进行分类，可以将短期融资券分为金融企业的融资券和非金融企业的融资券。

按融资券的发行和流通范围进行分类，可以将短期融资券分为国内融资券和国际融资券。

短期融资券有三大优点：具有成本优势，融资成本比较低；具有较强的灵活性，比如发行人可以灵活决定产品的发行时间以及产品期限结构；能够提高企业的信誉和知名度。短期融资券有风险大、弹性小、发行条件严格的缺点。

5. 典当抵押融资

典当抵押融资，指的是将企业的财物抵押或质押给典当行后，企业从典当行获得资金的一种方式。

典当抵押融资具有较强的灵活性，主要表现在以下几个方面：

（1）典当物比较灵活。典当行能够接受的质押、抵押的范围很广，例如金银饰品、家用电器、生活资料、商品房产等典当行都能接受。

（2）典当期比较灵活。典当的期限最长是半年，企业可以根据自身需要决定典当的期限。在典当期限内，如果企业想要提前赎当，可以提前赎当；如果企业想要续当，经双方同意可以续当。

（3）典当费比较灵活。在相关法律法规规定的最高范围内，可以灵活制定典当的息率和费率。

（4）手续比较灵活。对于货真价实、明确无误的典当物，典当行会当场付款，且手续极其便捷；对于需要鉴定的典当物，典当行会以最快的速度在最短的时间内帮企业将问题解决。

一般而言，典当抵押融资这种短期融资方式比较适用于中小企业。

以上便是短期融资的方式和途径，企业可以根据企业自身的特征和特点，选择合适的短期融资方式进行融资。

第三节 长期融资的渠道与方法

长期融资的渠道与方法主要包括五种，分别为吸收直接投资、发行普通股票、发行债券、长期借款以及融资租赁。

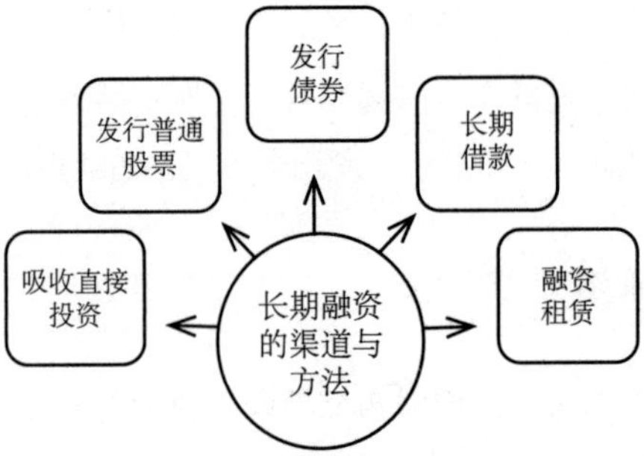

图 6.3.1 长期融资的渠道与方法

1. 吸收直接投资

吸收直接投资，指的是企业秉承“共同投资、共同经营、共担风险、共享利润”原则，对国家、法人、个人、外商投入资金进行吸收的一种筹资方式。

吸收直接投资主要包括四类，分别为吸收国家投资、吸收法人投资、吸收外商直接投资以及吸收社会公众投资。

吸收直接投资的特点是对增强企业信誉、降低财务风险有积极的影响作用，还能促使企业尽快形成生产能力。不过，吸收直接投资的资金成本比较高，极易将企业的控制权分散。

2. 发行普通股票

普通股票，指的是企业利润如果发生变动，也会随之发生变动的股份。在股份公司的资本构成中，普通股份是最普通、最基础的股份。

根据相关法律法规的规定以及投资者的需求，股份有限公司可以发行的普通股票有很多种。

按股票有无记名进行分类，可以将普通股分为记名股和不记名股。

按股票是否标明金额进行分类，可以将普通股分为面值股票和无面值股票。

按投资主体进行分类，可以将普通股分为国家股、法人股、个人股等。

按发行对象和上市地区进行分类，可以将普通股分为 A 股、B 股、H 股、N 股等。

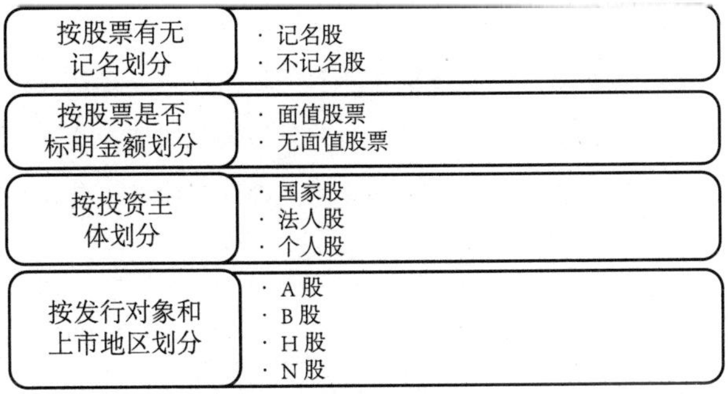

图 6.3.2 普通股票的种类

企业通过发行普通股票进行融资的优点如下：

（1）通过发行普通股票进行融资具有永久性，因为没有到期日，所以企业不用进行偿还。这不仅有助于满足企业对资金的最低需求，更对维持企业长期稳定发展有积极的影响作用。

（2）通过发行普通股票进行融资没有固定股利的负担，因为企业的盈利水平和经营需要决定了企业是否需要支付股利、支付多少股利。也就是说，企业经营状况的波动不会给企业带来较大的财务负担。

（3）普通股票有比较高的预期收益，而且在一定程度上可以抵消通货膨胀的影响，所以通过发行普通股票进行融资极易吸收资金。

通过发行股票进行融资也有缺点，主要表现在普通股票的资本成本比较高，而且由于会增加新股东，分散企业的控制权，可能会对企业的控制权造成不良的影响。

3. 发行债券

债券，指的是债务人向债权人发行并约定在某一特定的日期还本付息的一种债权债务凭证。

债券按不同类别可以划分成许多种类，比如：

按发行主体进行分类，可以将债券分为政府债券、金融债券、公司（企业）债券。

按财产担保进行分类，可以将债券分为抵押债券和信用债券。

按债券形态进行分类，可以将债券分为实物债券、凭证债券、记账式债券。

按是否可以转换进行分类，可以将债券分为可转换债券和不可转换债券。

按付息方式进行分类，可以将债券分为零息债券、定息债券、浮息债券。

按能否提前偿还进行分类，可以将债券分为可赎回债券和不可赎回债券。

按偿还方式进行分类，可以将债券分为一次到期债券和分期到期债券。

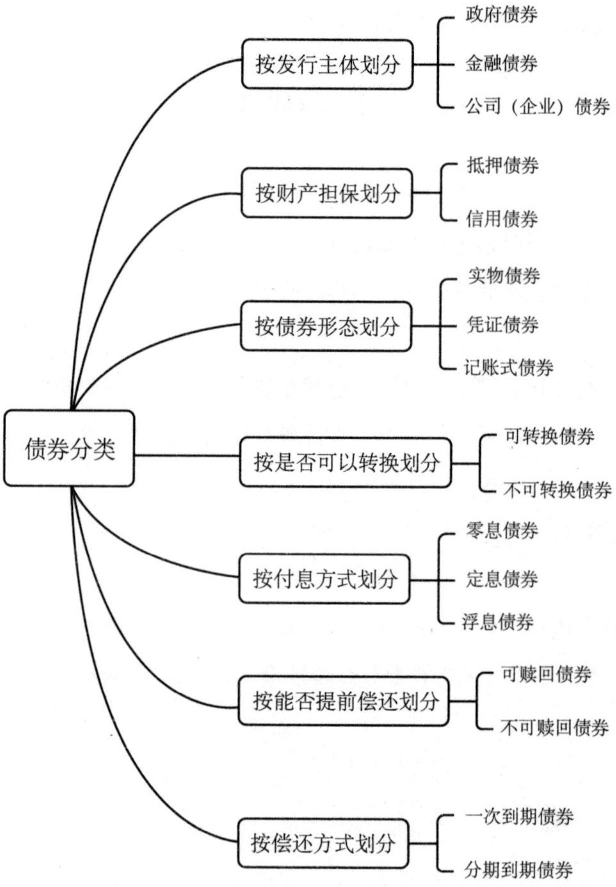

图 6.3.3 债券的种类

发行债券筹资的优点主要有以下两点：

（1）发行债券筹资的资本成本比较低。这是由两方面原因决定的：一方面债券的利息可以从税前利润中抵扣，基于此债券具有抵税的作用；另一方面债券以及股票投资人需要面对的投资风险比较低，基于此债券以及股票投资人对报酬率的要求也比较低。因此，与普通股票相比，发行债券筹资的资本成本比较低。

（2）发行债券筹资的范围和金额比较广、比较大。企业不仅可以从各个银行、非银行金融机构进行筹资，还可以从其他法人单位或个人进行筹资，所以通过发行债券进行筹资相对比较容易，且可以筹集到的资金比较大。

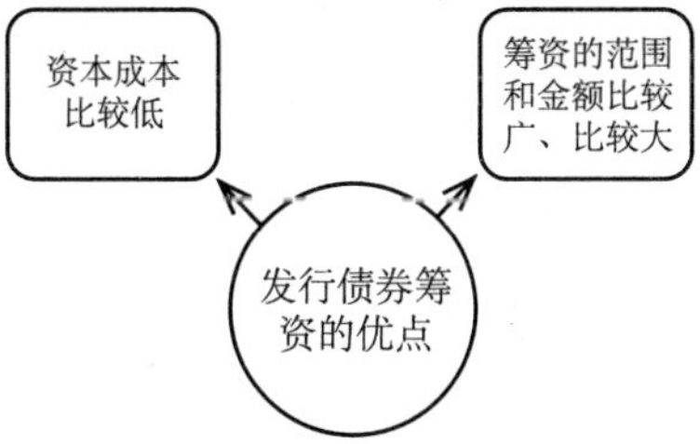

图 6.3.4 发行债券筹资的优点

发行债券筹资的缺点如下：

（1）发行债券筹资的财务风险比较大。因为债券有到期日和利息，且都是固定的。在企业资金周转不灵的时候，很容易让企业的财务陷入困境，甚至会让企业面临破产清算。

（2）发行债券筹资的限制性条件比较多，这将影响资金的使用情况。因为债权人不具备管理企业的权力，所以一般会在债券合同中写入一些限制性条款以保障债权人的债权安全。而这将对企业的资金使用情况造成不良的影响，让资金使用缺乏灵活性。

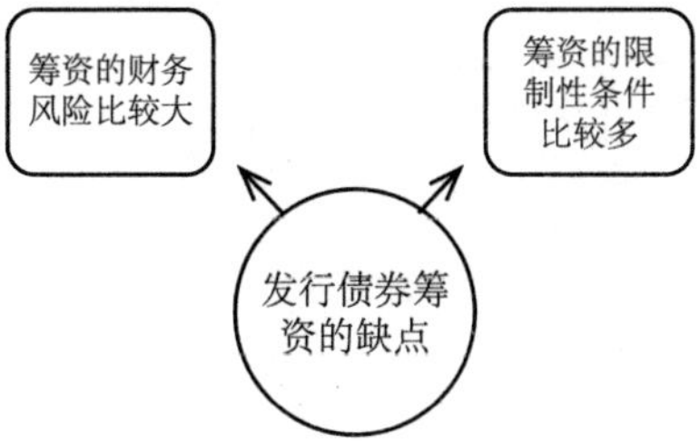

图 6.3.5 发行债券筹资的缺点

4. 长期借款

长期借款，指的是企业向银行或者其他金融机构借入的期限在一年以上的款项。

按付息方式和本金偿还方式进行分类，可以将长期借款分为分期付息到期还本长期借款、到期一次还本付息长期借款、分期偿还本息长期借款。

按币种进行分类，可以将长期借款分为人民币长期借款和外币长期借款。

按用途进行分类，可以将长期借款分为固定资产投资借款、更新改造借款、科技开发借款、新产品试制借款等。

按机构进行分类，可以将长期借款分为政策性银行贷款和商业银行贷款等。

按担保进行分类，可以将长期借款分为信用贷款和抵押贷款。

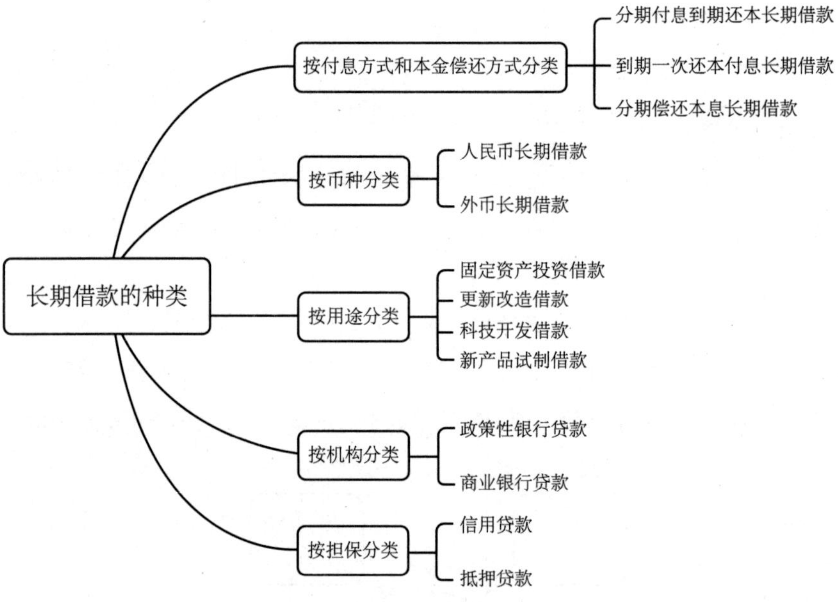

图 6.3.6 长期借款的种类

长期借款筹资的优点主要有资金成本比较低、筹资速度比较快以及借款弹性比较大。长期借款筹资也有缺点，主要是筹资风险比较大和限制条款比较多。

长期借款筹资的优缺点	
优点： 1. 资金成本比较低 2. 筹资速度比较快 3. 借款弹性比较大	缺点： 1. 筹资风险比较大 2. 限制条款比较多

图 6.3.7 长期借款筹资的优缺点

5. 融资租赁

融资租赁，指的是出租人与承租人签订租赁合同，让承租人在约定期限内享受财产使用权的同时向承租人收取一定租金的契约融资行为。其包括简单融资租赁、回租融资租赁、杠杆融资租赁等。

融资租赁的优点主要有融资方式和还款方式比较灵活、融资期限长、到期还款压力比较小。融资租赁的缺点是筹集资金成本比较高。

以上就是长期融资主要的五种方法和途径，企业可以根据企业自身的特征和特点，选择合适的长期融资方式进行融资。

第四节 融资瓶颈的打破策略

目前，融资难已经成为制约中小微企业发展的瓶颈。造成中小微企业融资难的原因有市场的原因，有金融机构的原因，也有企业自身的原因。企业可以从以下几个方面尝试打破融资的瓶颈。

1. 加快结构调整步伐

造成企业融资难的根本原因在于中小企业的总体素质不高。因此，企业需要大力发展科技含量高、市场竞争力强的产品，尽快形成一批具有明显优势、能将特色展现出来的中小企业群，从根本上将由于产业结构不合理而使企业陷入融资瓶颈的问题解决。

2. 建立健全企业制度，完善治理结构

企业要建立健全制度化、规范化、标准化以及产权清晰、政企分开、管理科学的现代企业制度，通过优化财务状况、增强企业信用能力等有效途径，努力完善和改进企业的治理结构，从根本上强化企业自身的条件，让企业打破融资的瓶颈。

3. 提升企业自身的财务管理水平

内核的力量是巨大的，因此企业在对外部环境进行改善之前，首先要做的就是提升企业自身的财务管理水平。例如，不仅财务管理人员要重视财务管理，企业高层管理人员也要高度重视财务管理，不断提升自身的财务管理知识；引进专业的财务管理人员，建立科学的财务制度；财务管理人员要严格遵守财务制度，在使用资金时进行合理规划。

4. 加强企业自身信用建设，提升企业的信誉度

企业提交给银行的会计报表资料不仅要真实有效、数据准确，还要能够将企业的生产经营状况以及财务状况反映出来。因此，中小企业想要打破融资瓶颈，获取银行的信任和贷款，必须加强对自身信用的建设，提升企业的信誉度。例如，规范财务行为，强化内部财务管理和控制，保证企业所有生产经营活动和财务收支活动都在相关法律法规规定的范围内进行。

5. 提升企业市场竞争力，赢得金融机构的信任

缺乏市场竞争力是制约中小企业发展的重要原因之一，而这也是中小企业难以从银行获得贷款的重要因素。因此，企业想要走出发展困境打破融资瓶颈，必须提升市场竞争力，赢得银行等金融结构的信任，从而达到将融资渠道拓宽的目的。比如，企业可以通过转变思路和生产路径、积极研发新产品以及发挥企业自身优势着重培养核心竞争力的方法，提升企业自身的竞争力。

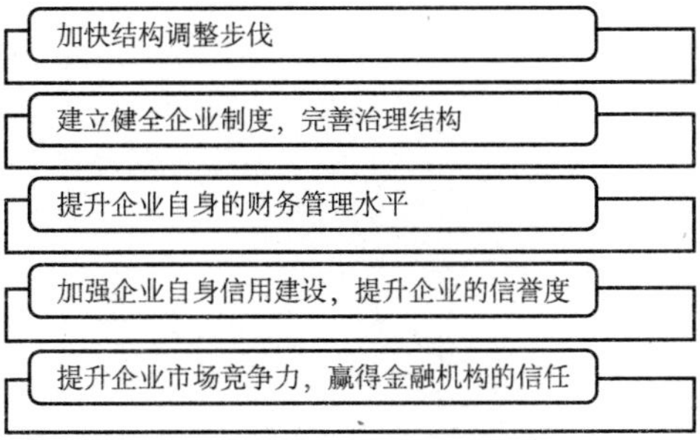

图 6.4.1 打破融资瓶颈的方法

没有资金，企业难以发展。为了确保企业有足够的发展资金，在资金短缺、融资困难的时候，企业一定不能坐以待毙，而要采取有效的措施为企业的生存获取发展空间，不断拓宽企业获得资金的渠道和路径。

第七章

企业营运资本控制

第一节　营运资本的基本内容

营运资本是企业流动资产和流动负债的总称。

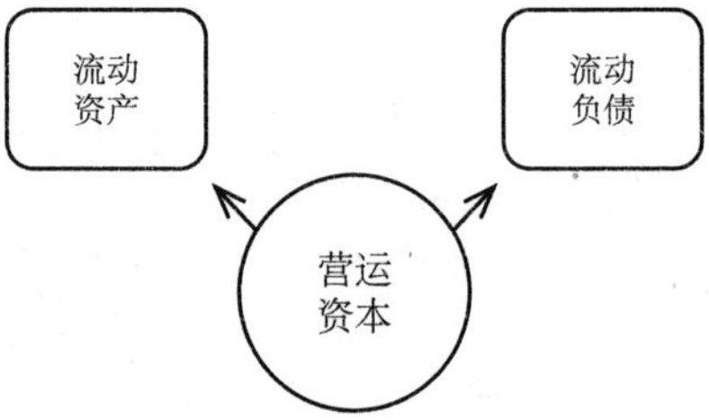

图 7.1.1　营运资本的分类

1. 营运资本的基本含义

营运资本包括流动资产和流动负债。

（1）流动资产指的是在一定营业周期内可以变现或者运用的资产，这个营业周期可以是一年，也可以是超过一年。

流动资产主要有占用时间短、周转速度快、容易变现等特点。所以，从一定程度上来说，企业拥有的流动资产越多，面临的财务风险就越低。

在资产负债表上，流动资产主要包括货币资金、短期投资、应收票据、应收账款、预付费用以及存货等项目。

（2）流动负债指的是在一定周期内需要偿还的债务，这个周期指的是一年内或者一年以上。

流动负债的特点主要有成本低、偿还期短等。

流动负债主要包括短期借款、应付账款、应付票据、应付工资、应付福利费、应缴税金、应付股利、应付利息等项目。

表 7.1.1 流动资产和流动负债的对比

对比 \ 对象名称	流动资产	流动负债
定义	指的是可以变现或者运用的资产	指的是需要偿还的债务
特点	占用时间短、周转速度快、容易变现	成本低、偿还期短
包含的项目	货币资金、短期投资、应收票据、应收账款、预付费用以及存货等	短期借款、应付账款、应付票据、应付工资、应付福利费、应缴税金、应付股利、应付利息等

此外，流动资产减去流动负债得到的是净营运资本。

净营运资本的计算公式：净营运资本 = 流动资产 − 流动负债

净营运资本越多，表明企业偿债风险越小。也就是说，净营运资本的多少反映了企业偿还短期债务的能力。由于流动资产减去流动负债得到的数值是绝对数，如果企业与企业之间规模差距比较大，用这个绝对值比较其意义是极其有限的。而流动资产除以流动负债得到的比值是相对数，它将企业不同规模造成的影响排除在外，更适合企业与企业之间进行比较以及本企业不同历史时期的对比。

2. 营运资本的特点

营运资本的特点主要表现在以下几个方面：

（1）周转的时间比较短。基于这一特点，企业可以采用短期筹资的方法解决营运资本相关问题。

（2）存货、应收账款等这些都是企业非现金形态的营运资本，而这些非现金形态的营运资本非常容易变现。当企业面临临时性资金需求的时候，将能起到积极的应付作用。

（3）营运资本的需求来源比较多样。通过长期筹资途径能解决企业营运资本的需求问题，还能通过短期筹资途径解决。

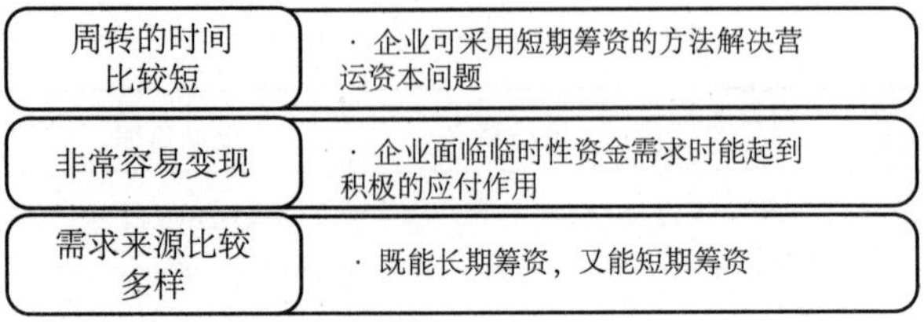

图 7.1.2　营运资本的特点

3. 营运资本的重要作用

营运资本反映了企业短期偿债能力：营运资本的金额越大，说明企业用于偿还债务的资金越充足，短期偿债的能力越好；营运资本小于零表现为负数，说明企业的流动负债大于流动资产，企业的营运随时可能会因为资金周转困难而发生中断。据调查，企业的财务经理用于资金管理的时间有 60%。因此，只有足够的运营资本才能保证企业可以维持正常的运转。在企业财务管理活动中，做好营运资本管理起着举足轻重的作用，企业可以从以下几个方面做好营运资本管理：

（1）流动资产与总资产之间的比例关系要适度，一般流动资产占比的水平保持在 30%—50% 比较适宜。如果流动资产占总资产的比重比较高，会降低企业投资的回报率；如果流动资产占总资产的比重比较低，企业面临的财务危险会比较大，甚至会导致企业破产。

（2）在企业外部融资中，流动负债是其重要的条件。企业不可避免地会面临资金需求这一问题，这时企业首先要考虑的是怎样才能获得筹资成本比较低且便利的流动负债为企业进行筹资。

（3）营运资本管理是对流动资产的管理和流动负债的管理。流动资产和流动负债之间的比例反映了企业的偿债能力和营运能力。

营运资本对企业至关重要，企业一定要重视。

第二节　营运资本的管理原则

企业在对营运资本进行管理的时候，应该遵循四个原则，分别为保证合理的资金需求原则、提高资金使用效率原则、节约资金使用成本原则以及保持足够的短期偿债能力原则。

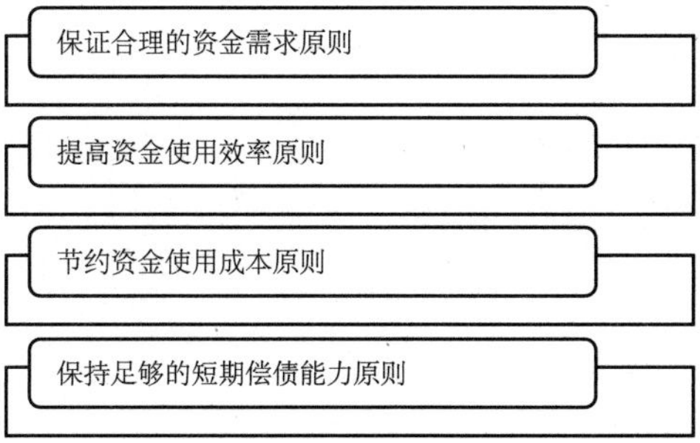

图 7.2.1 营运资本的管理原则

1. 保证合理的资金需求原则

企业营运资本的需求量随着企业生产经营状况的波动而波动：通常情况下，当企业产销量逐渐增长的时候，流动资产不断增加的同时流动负债也会不断增加；当企业产销量逐步减少的时候，流动资产不断减少的同时流动负债也会不断减少。因此，企业管理营运资本的首要任务就是对企业的生产经营状况进行全面且认真的分析，然后根据分析结果对营运资本的需求数量进行确定。

2. 提高资金使用效率原则

为了让有限的资金发挥最大的效用，服务于更大的产业规模，企业一定要采取有效得力的措施提高资金使用效率，而提高资金使用效率最常用且最主要的手段就是加速资金周转。加速资金周转的方法有很多，比如企业可以缩短营业周期、加速加快营运资本变现的过程等。

3. 节约资金使用成本原则

在管理营运资本的过程中，企业必须确保满足生产经营的需求和节约资金使用成本二者之间的关系是和谐的。也就是说，企业要在保障生产经营需求的基础上，坚持勤俭节约的原则，尽最大努力在最大限度上将资金的使用成本降下来。

4. 保持足够的短期偿债能力原则

企业要将流动资产和流动负债二者之间的比例关系处理好，也要让流动资产结构和流动负债结构之间保持一定的适配度。

只有拥有足够的营运资本，企业才能正常运转。因此，企业一定要做好营运资本管理，更要秉承管理原则进行营运资本管理。

第三节 合理配置企业营运资本

企业应该如何合理配置营运资本，可以从两个计算公式出发：一个是关于营运资本的计算公式，另一个是关于营运资本配置比率的计算公式。

1. 营运资本计算公式

营运资本的计算公式：营运资本 = 流动资产 − 流动负债

通过运算，一般会得到三种结果，分别为：营运资本 = 流动资产 − 流动负债 > 0、营运资本 = 流动资产 − 流动负债 < 0、营运资本 = 流动资产 − 流动负债 =0。

（1）营运资本 = 流动资产 − 流动负债 > 0

营运资本 = 流动资产 − 流动负债 > 0，也就是流动资产 > 流动负债。

当出现这种情况时，说明企业可以通过多个渠道获得长期资金。换言之，企业用资金购买存货等流动性资产时，流动负债只占使用资金的一小部分，在使用资金中大部分都是长期资金。

由于长期借款的还款期限一般都在一年以上，基于还款期限比较长这一原因，所以企业不需要承担比较大的短期偿债压力。

在一定程度上，企业流动资产周转率得到了提高，具有较强的变现能力，因此，企业具有较强的短期偿债能力。

（2）营运资本 = 流动资产 − 流动负债 < 0

营运资本 = 流动资产 − 流动负债 < 0，也就是流动资产 < 流动负债。

当出现这种情况时，说明企业的流动资产小于流动负债。换言之，流动负债不仅要满足企业流动资产对资金的需求，还要用来投资长期资产。

由于长期资产的变现时间比较长，当企业将流动负债用于长期资产的投资时，企业为了在短期内偿还流动负债，只能拆东墙补西墙，因此企业面临的短期偿债压力比较大。

（3）营运资本 = 流动资产 − 流动负债 =0

营运资本 = 流动资产 − 流动负债 =0，也就是流动资产 = 流动负债。

当出现这种结果时，说明企业的流动负债恰好能够满足流动资产对资金的需求。

企业投资长期资产所需要的资金来源于长期借款等长期资金，所需要的资金量和所获得的资金量相等。

第一种结果显示的是“长期短用”的情况，第二种结果显示的是“短资长用”的情况，第三种结果显示的是比较理想的情况。企业在配置营运资本的时候，可以通过营运资本的计算公式验证企业本身的营运资本配置是否合理。

2. 营运资本配置比率的计算公式

营运资本配置比率指的是，营运资本和流动资产之间的比率关系。

营运资本配置比率计算公式：营运资本配置比率 = 营运资本 ÷ 流动资产

由于营运资本 = 流动资产 − 流动负债，所以营运资本配置比率的计算公式可以进一步演变为

营运资本配置比率 = 营运资本 ÷ 流动资产 = （流动资产 − 流动负债） ÷ 流动资产 = 流动资产 ÷ 流动资产 − 流动负债 ÷ 流动资产 =1 − （1÷ 流动比率）

通过计算结果可以看出企业的营运资本的配置情况如何，还能看出企业的短期偿债能力如何：当营运资本配置比率越高时，说明企业的营运资本越多，企业的偿债能力也越强；反之，当营运资本配置比率越低时，说明企业的营运资本越少，企业的偿债能力也越弱。

一个企业如果想要维持正常的运转必须拥有足够的营运资本，因此企业一定要合理配置营运资本。

第四节 影响营运资本周转的因素

影响营运资本周转的因素有三个，分别为存货周转期、应收账款周转期以及应付账款周转期。

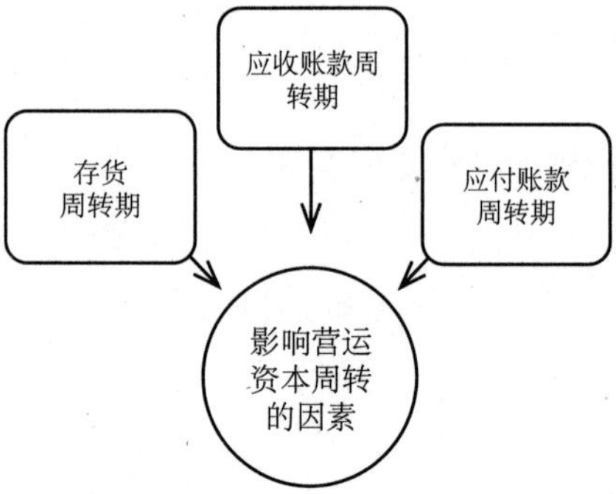

图 7.4.1 影响营运资本周转的因素

1. 存货周转期

存货周转期，指的是企业从取得原材料到将原材料转化成成品再到将成品进行销售所经历的时间。

存货周转期的计算公式：存货周转期 = 360（天）÷ 存货周转次数

其中：

存货周转次数 = 主营业务成本 ÷ 存货平均金额

存货平均金额 =（期初金额 + 期末金额）÷2

例如，某企业 2005 年年度产品销售成本是 400 万元，存货期初额是 100 万元，期末存货是 60 万元。那么：

存货平均金额 = (100 万元 +60 万元）÷2 = 80（万元）

存货周转次数 = 400 万元 ÷80 万元 = 5（次）

存货周转期 = 360 天 ÷5 次 = 72（天）

存货周转期反映了企业的营运能力、存货管理水平以及存货的变现能力。如果企业的存货适销对路，变现速度快，那么存货周转次数多，存货周转期短；反之，如果企业存货没有销路，长期积压在库，那么存货周转次数少，存货周转期长。企业存货周转期越短，说明存货变现能力越强，变现速度越快，流动资金的利用率越高，企业对于存货的管理工作效率也越高。

2. 应收账款周转期

应收账款周转期，指的是企业获得应收账款权力至收回款项、转换成现金所经历的天数。

应收账款周转期的计算公式：应收账款周转期 = 360（天）÷ 应收账款周转率

应收账款周转率 = 赊销净额 ÷ 应收账款平均余额 = （销售收入－现销收入－销售退回、折让、折扣）÷[（期初应收账款余额＋期末应收账款余额）÷2]

例如，某企业 2007 年年度营业收入为 15 000 万元，期初应收账款为 1 060 万元，期末应收账款为 2 050 万元，那么：

应收账款周转率 = 15 000÷[（1 060 ＋ 2 050）÷2] ≈ 9.65（次）

应收账款周转期 = 360÷9.65 ≈ 37.31（天）

市场竞争是激烈的，为了能够在市场上占据一定的销售份额，将销售收入提高，大部分企业设置了商业信用政策，即通过赊销的方式将企业的销售规模提高。采取这种方式会存在一个明显的弊端，那便是会不可避免地让企业的应收账款数额逐步攀升。如果企业不能及时、尽快将大量的应收账款收回，那么企业资金链就会有断裂的风险，如此一来，企业正常的经营活动将会受到影响。因此，尽快将应收账款回收对企业至关重要。

换言之，应收账款周转期越短越好，而应收账款周转次数越多，应收转款周转期就越短；反之，应收账款周转次数越少，应收账款周转期就越长。应收账款周转期越短，说明企业应收账款的变现能力越强，资金被其他企业占用的时间越短，企业对应收账款的管理效率越高。

3. 应付账款周转期

应付账款周转期，指的是企业付清供应商欠款所需要的时间。

应付账款周转期的计算公式：应付账款周转期 = 360（天）÷ 应付账款周转率

应付账款周转率 = 主营业务成本净额 ÷[（应付账款期初余额＋应付账款期末余额）÷2]

例如，某企业 2010 年年度营业成本为 3600 万元，期初应付账款为 610 万元，期末应付账款为 720 万元。那么：

应付账款周转率 = 3600÷[（610 + 720）÷2] ≈ 5.41（次）

应付账款周转期 = 360÷5.41 ≈ 66.54（天）

通常情况下，应付账款周转期越长对企业越有利，因为应付账款周转期越长，说明企业占用供货商的资金就越多，企业可以用这部分资金满足企业对营运资本的需求。在同行业中，市场地位比较高的企业其应付账款周转期会比较长，这是因为市场地位比较高的企业其采购量比较巨大且有良好的信誉，所以能够拥有贷款的主动权。

但需要注意的是，市场地位比较高的企业虽然在占用贷款上拥有主动权，占用了供货商的贷款，但是其销售商品的贷款又被其他企业占用，如此一来便会形成三角债，极有可能会让企业面临资金紧张的困境。面对这种状况，企业需要通过现金周转周期对企业销售的现金生成能力进行全盘考虑。

存货周转期、应收账款周转期以及应付账款周转期对营运资本的影响主要表现在：通常情况下，存货周转期、应收账款周转期越长，应付账款周转期越短，企业营运资本的数额就会越大；反之，存货周转期、应收账款周转期越短，应付账款周转期越长，企业营运资本的数额就会越小。

为了让企业的生产不受影响，海尔实施了零库存战略。以下是海尔 2007 年至 2010 年现金周期计算表。

表 7.4.1　海尔 2007 年至 2010 年现金周期计算表

单位：百万元

项目 年份	应收账款	存货	应付账款	销售收入	存货周期	应收账款周期	应付账款周期	现金周期
2007	2686.17	2309.23	2556.71	29486.64	28.58	32.21	31.65	29.14
2008	2780.51	2390.79	2540.46	30408.04	27.72	33.37	30.49	30.6
2009	4008.23	1797.73	4012.35	32979.42	19.89	44.36	44.41	19.84
2010	8481.11	2844.53	9075.83	60588.25	17.13	51.09	54.67	13.55

从表7.4,1中可以看出，虽然2007年到2008年，海尔的现金周期有所延长，但从2008年开始，现金周期随着存货周期的逐渐缩短而缩短。这说明零存货管理对现金周期产生着积极的影响，使海尔营运资本的利用效率得到了提高，让营运资本的周转速度也得到了提高。

营运资本对企业的日常经营活动有着积极的影响，在日益激烈的市场竞争环境下，企业想要生存和发展，拥有足够的营运资本很重要。

第五节 加强对营运资本的管理

适量的营运资本才能支撑企业的正常运转，因此，营运资本管理是企业财务管理不可或缺的一部分。企业可以从三个方面加强对营运资本的管理，分别为加强对现金的管理、加强对应收账款的管理以及加强对存货的管理。

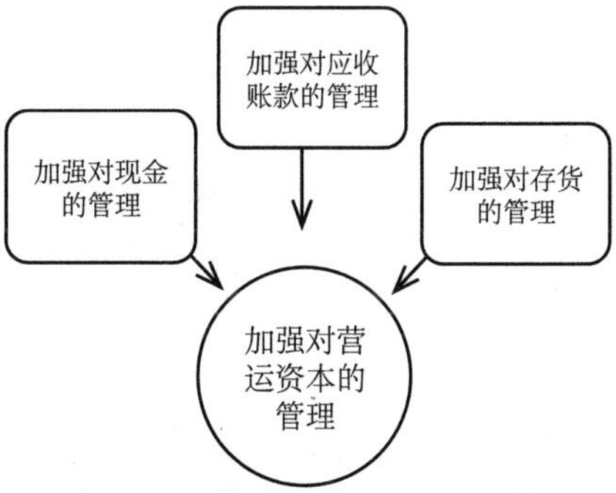

图7.5.1 加强对营运资本的管理

1. 加强对现金的管理

一些企业为了扩大生产规模会将大量资金用在购买原材料、生产产品上，这会让原材料积压严重，如果生产出来的产品没有销售通道自然会积压在库无法变现，最终导致企业的资金成本和仓储成本急剧上升。这对企业的生存和发展极其不利，会使企业缺乏足够的营运资本，所以企业一定要加强对现金的管理。

企业可以从两方面入手来加强现金管理：一方面从流动资金入手，将资金合理分配到企业的各个部门，既要注重生产，又要积极拓宽销售渠道，加速投资在存货上的资金变现周期，最终达到加速营运资本周转的目的；另一方面从流动负债入手，商业信用和短期借款都是不错的低成本融资渠道，这两个融资渠道不仅可以解决企业资金流短缺的问题，对企业养成良好的财务管理习惯，最大限度将财务风险降低也有极大的作用。

2. 加强对应收账款的管理

为了扩大利润，提高产品销售量，大多数企业往往会采用赊销的方法。对销售业绩的盲目、片面追求，可能会导致企业的发展受到影响。例如，如果对赊销的现金流动情况和信用状况的控制力度不够，企业不仅需要面临货款被拖欠的局面，还需要面对因其导致的实际资金低于账面利润的现象。基于此，企业一定要加强对应收账款的管理，将应收账款及时收回，让企业资金的使用效率得到提高。

企业可以通过以下方式加强对应收账款的管理：

（1）建立客户信用档案，划分信用等级

企业可以在财务部门设置风险控制员，让风险控制员通过调查充分了解供应商及客户的信用状况，并将其按照不同等级进行信用等级划分。然后，针对不同等级的供应商及客户设置对应的信用政策，以此来缩短应收账款的周转期。

风险控制员可以从以下几个方面对供应商及客户的信用等级进行评定：客户企业的注册资本是多少，偿还账款的信用怎样，是否存在因为拖欠税款而被处罚的情况，是否存在拖欠供货企业货款的现象，相关企业对其的综合评价是怎样的等。风险控制员将调查得出的结果向上级汇报，上级各个部门经理讨论后对各供应商及客户的货款信用数量做出最终确定。在后期业务来往过程中，如果供应商或客户向销售人员提供的信用数量超过确定的信用数量，那么销售人员则必须向财务经理、风险控制员以及总经理汇报。得到上级批准后，销售人员方可继续跟进该业务；如果得不到上级批准，则要放弃该业务。这样做可以将销售过程中可能出现的坏账现象次数减少，进而降低企业的财务风险。

（2）严格控制应收账款的收款时间

企业需要严格控制信用期，可以将应收账款的收款时间等信用条款写进合同，用合同的形式对供应商及客户进行约束。如果企业在规定的时间内没有从供应商或客户

处收回应收账款，企业可以依据合同采取法律措施，从拖欠货款的供应商或客户处及时将货款收回。

（3）制定信用折扣制度

一些企业并不是不具备在规定时间内偿还账款的能力，而是这些企业认为即使没有在规定时间内将账款归还，也不会对其造成不利的影响。况且，即使在规定时间内将账款归还，他们也得不到任何好处。对于这种拖欠货款的行为，企业可以采取一定的鼓励措施，比如制定信用折扣制度，对能够积极做到归还货款的企业给予一定的信用折扣。

（4）对拖欠货款的现象加强补救措施

一旦出现拖欠货款的现象，财务部门应该要求销售人员加紧催收货款的节奏，风险控制员也需要将拖欠货款企业的信用等级降级。对于拖欠货款严重的企业，可以要求销售人员停止与该企业再进行购销业务。

3. 加强对存货的管理

为了让存货资金的占用数量得到合理配置，最大限度节约企业的存货资本，企业需要编制存货资金计划。此外，为了最大限度将存货仓储的成本降到最低，增加产销一体化实现的可能性，企业不仅需要加强对材料存储以及产品生产的管理力度，还要对信息沟通的环节进行简化，而这就是所谓的零库存管理。企业想要将零库存管理变成现实，就要采取有效的措施提高信息交流的效率。例如，当企业接到订单时，便需要以最快的速度将订单信息准确无误地传递到生产线上，以便生产部门有条不紊地进行订单生产。产品生产出来以后企业需要配合销售部门进行物流配送，使客户能够在最短时间收到产品。企业想要准确无误地完成这一系列流程需要对各部门进行协调统一，任何一个部门出现差错都将对流程造成不利的影响。

营运资本管理在财务管理中处于非常重要的地位，对企业利润目标的实现起着巨大的作用，企业一定要重视营运资本的管理工作。

第八章

企业现金流量管控

第一节 现金流量的基本内容

现金流量是指投资项目在其整个寿命期内所发生的现金流出和现金流入的全部资金收付数量。现金流量包括现金流入量和现金流出量。

1. 现金流入量

现金流入量是指投资项目增加的现金收入额或现金支出节约额。现金流入量主要包括以下四项：

（1）营业收入，即企业在主营业务或者其他业务进行过程中获得的收入。

（2）残值收入或变价收入，即固定资产使用期限到期时的残值，或者因为某种原因没有到规定的使用期限时，将固定资产进行出售所实现的现金收入。

（3）流动资金的收回，即由于企业不再投资新的项目，当原有项目完全终止时，企业将原垫付的流动资金额全部收回。

（4）其他现金流入，即除以上三项现金流入项目之外的其他现金流入项目。

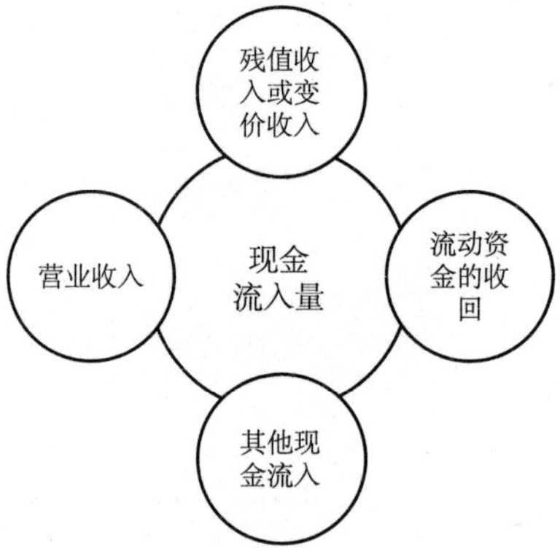

图 8.1.1 现金流入量的主要内容

2. 现金流出量

现金流出量是指投资项目增加的现金支出额。现金流出量主要包括以下三项：

（1）固定资产投资，即企业在购买固定资产如基础设施等或者建造固定资产如厂房时，发生的各项资金支出。

（2）流动资产投资，即与投资项目息息相关的项目所占用的资金，如存货、货币资金或者应收账款等。

（3）营运成本，即在经营所投资的项目过程中发生的各项成本费用，如生产成本、管理费用、销售费用等。成本费用一般用全部成本费用减去折旧以后得到的数值表示。

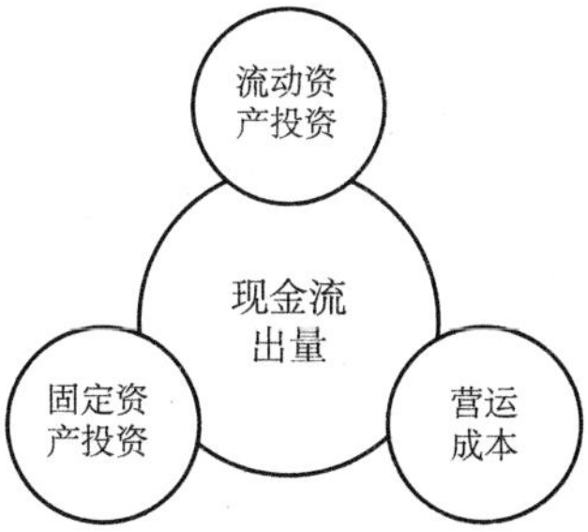

图 8.1.2 现金流出量的主要内容

在企业发展过程中，现金流量对企业的兴衰存亡起着决定作用，因此企业一定要加强对现金流量的管理，以确保企业能够健康、稳定地发展。

第二节 现金流量对企业的价值影响

现金流量对企业的价值影响主要表现在三个方面，分别为现金流量决定企业的价值创造、现金流量反映企业的盈利质量以及现金流量决定企业的生存能力。

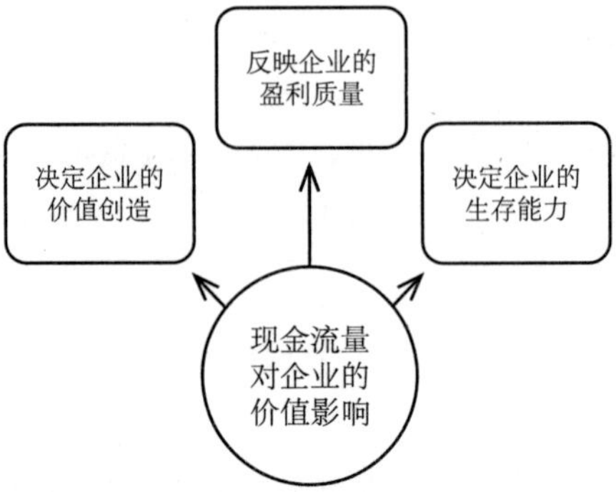

图 8.2.1 现金流量对企业的价值影响

1. 现金流量决定企业的价值创造

现金流量决定企业的价值创造，主要表现在两方面:

一方面，在企业的生产经营过程中现金流量占据极其重要的地位。在经济高速运转的当下，成立和经营企业一定要持有足够的资金，这样才能支付工人工资、购买原材料、辅助生产用的材料以及机器设备等。

另一方面，企业只有通过销售交易才能实现企业的价值创造。虽然在生产过程中发生了价值创造，但能否让产品产生的价值得以实现，取决于生产的产品能否满足社会需求，能否得到社会大众的认可，能否实现销售交易并有资金的流入。

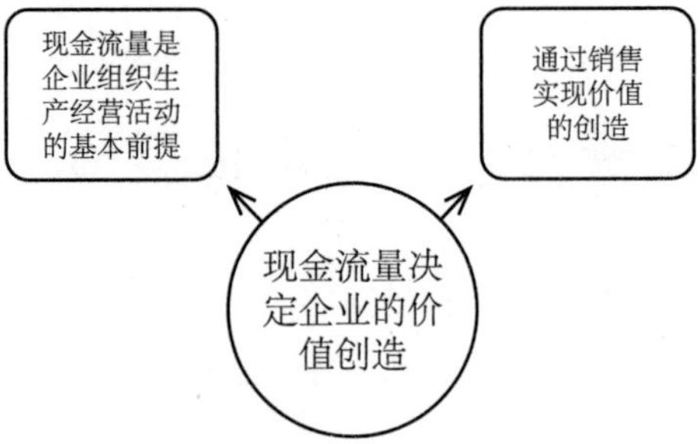

图 8.2.2 现金流量决定企业的价值创造

2. 现金流量反映企业的盈利质量

与利润相比，现金流量能够更好地对企业盈利质量的高低作出说明。企业在进行日常经营的过程中经常需要面对“有利润但没有钱”的局面，甚至有些企业需要借钱缴纳所得税。这是因为从账面上看企业是有利润的，可是实际情况是企业可能根本没有钱。这也说明了在衡量和评价企业的收益、价值方面，利润指标容易导致一定的“水分”，不能真实地将企业的价值反映出来。现金流量指标恰好弥补了利润指标这些缺陷，它可以将利润指标中暗藏的可能导致坏账产生的因素剔除，让包括投资人、债权人等在内的所有利益相关者对企业的财务状况能够有更全面、更充分的认识和了解。因此，通过对企业现金流量的考察可以对企业的盈利质量高低做一个更好的评判，进而确定企业真正的价值。

3. 现金流量决定企业的生存能力

企业生存才能进行价值创造，拥有充足的资金是企业生存的保障。而且 20 世纪末经济危机对企业以及经济的重创，让不少企业深刻地认识到“现金才是王道，钱拿在手里才是真实”的这一硬道理。

资产负债率、流动比率、速动比率等传统指标，虽然能够对企业偿还债务的能力作出说明，但从本质上来说，这些指标对企业偿债能力的衡量是建立在报表上的传统指标基础之上的，因此这些指标或多或少会将企业管理中出现的漏洞掩盖。其实，企业的现金流量决定了企业的偿债能力，毕竟企业只有拥有足够的资金才能偿还债务。

现金流量是企业组织生产经营活动的基本前提，只有对现金流量进行有效管理才能实现企业价值的创造；相比利润，现金流量能够更好地反映企业的盈利质量，确定企业的真实价值；企业的偿债能力主要由企业的现金流量决定，且现金流量能够揭示企业生产经营过程中出现的问题。

总之，现金流量对企业意义重大、影响重大，企业一定要做好现金流量管理。

第三节 企业现金周转的影响因素

影响企业现金周转的因素有很多，但主要表现在盲目扩张、过度投资和负债、企业经营不善和财务管理薄弱这四个方面。

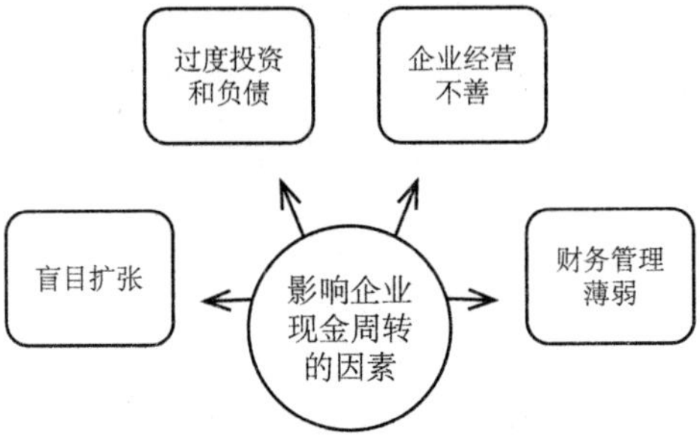

图 8.3.1 影响企业现金周转的因素

1. 盲目扩张

盲目扩张主要表现在两个方面：一是盲目进行收购兼并，二是盲目将经营范围进行扩大。

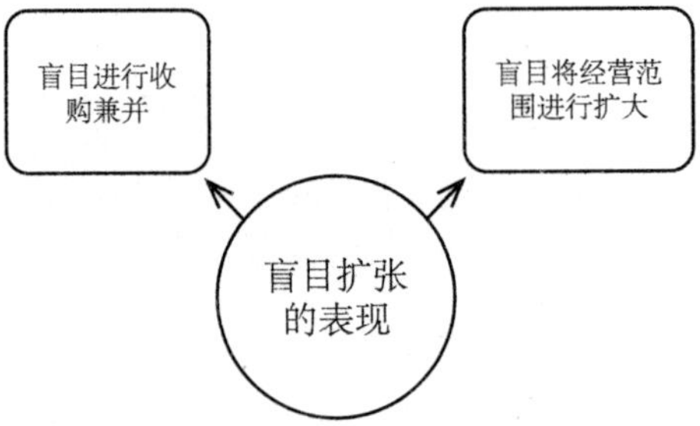

图 8.3.2 盲目扩张的表现

（1）盲目进行收购兼并

企业之所以进行收购兼并，是因为企业想要扩大市场占有率，最大限度扩大企业资本的收益。但是，如果企业没有足够的资金将难以完成收购兼并的计划。一些企业为了完成收购兼并会采用债务杠杆的方法，这样一来势必会对企业的现金流造成一定的影响，让企业面临财务风险。一旦市场发生变化，或者出现信息不对称等问题，企业的资金链随时有断裂的风险。

（2）盲目将经营范围进行扩大

一些企业盲目追求多元化经营，将经营范围扩大，而这将直接导致企业现金周转不畅。随着企业的发展和壮大，企业开展多元化经营是必然的趋势，但这并不意味着企业可以在不了解不同行业发展特性的情况下便进行盲目投资。盲目扩大经营范围，极易造成资金分散，进而导致企业资金链断裂。

2. 过度投资和过度负债

（1）过度投资

在企业的发展过程中，随着资金规模的不断增长，企业会寻找新的投资项目并进行投资。如果新项目与企业本身的业务有极高的关联度，且企业对新项目有比较全面深入的了解，那么企业投资新项目能够提高营运资本的使用率。但如果新项目与企业本身的业务关联度不高，企业也对新项目不甚了解，那么企业营运资本的使用率将会被大大降低。一旦市场发生波动，便会对企业的现金流产生冲击，进而导致应收账款周期以及存货周期增加。

（2）过度负债

在企业的发展过程中，基本上每个企业都需要面对负债的问题，如果企业的资产负债率保持在一个合理的水平，就不会对企业的现金流以及发展造成不良的影响。但如果资产负债率超过合理水平，企业便需要面对极大的偿债压力。如果这时银行、金融机构实行业务收紧措施，企业可能会面临资金链断裂的危机。

3. 企业经营不善

企业经营不善是导致现金周转不畅的原因。企业经营不善主要表现在两个方面：一是企业主营业务经营不善导致现金周转不畅，二是企业经营不善会导致企业资金沉淀。

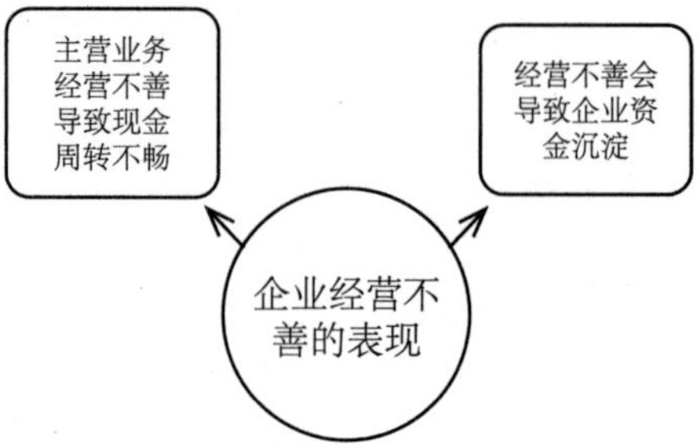

图 8.3.3　企业经营不善的表现

（1）企业主营业务经营不善导致现金周转不畅

为了生存和发展，企业必须获得足够的现金。主营业务是企业现金的主要来源，因此，企业的主营业务活动影响着企业的现金流量状况。企业的主营业务活动，从宏观层面而言涉及企业与上游供应商和下游分销商之间构成的价值链关系、企业自身的管理水平等；从微观层面而言涉及企业产品的生产技术、成本水平等，而这些都将对企业现金的周转产生影响。如果企业的主营业务活动经营状况良好，对企业的现金周转产生的便是正向的影响；反之，如果企业的主营业务活动经营不善，对企业的现金周转产生的便是负面的影响。

（2）企业经营不善会导致企业资金沉淀

资金沉淀，指的是资金在周转的过程中不再循环周转，停在周转的某个阶段并保持静止状态。

由于经营不善而导致企业资金沉淀的企业，其经营模式多属于粗放型经营模式，即对于投资和生产没有长远的计划，所有生产只是单纯地依靠资本投入和降低成本，对订单的依赖程度极高。当企业产品积压在库时，为了将存货销售出去只能通过简单的促销方式进行销售，而这将对现金的周转产生不利的影响，导致资金沉淀。

4. 财务管理薄弱

财务管理薄弱会导致企业资金的流失和损失，进而影响现金的周转。财务管理薄弱主要体现在成本控制、信用制度、账目管理以及营运资金管理四个方面。

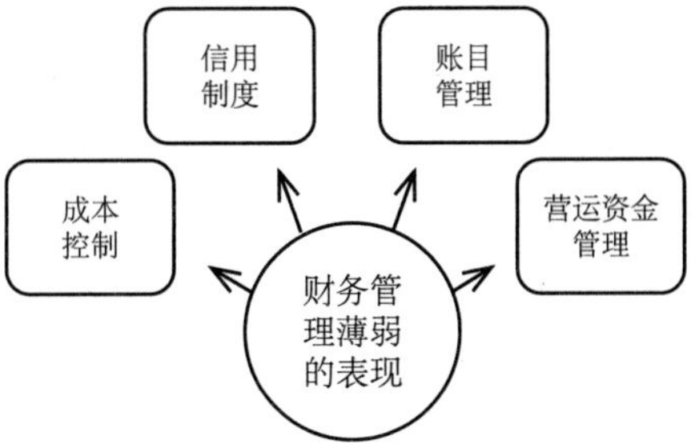

图 8.3.4 财务管理薄弱的表现

（1）成本控制偏离市场需求

成本控制偏离市场需求，指的是一些企业完全不在意市场的需求量，只是一味追求产量和降低成本。虽然在短时期内，企业的产量可以满足市场的需求，企业也能获得高额的利润，但是由于企业的成本控制偏离市场需求，会造成产品大量积压在库。随着库存逐渐加大，成本也会随着上升，这将对企业的现金周转产生不良的影响。

（2）信用制度的不完善

信用制度的不完善，不仅会导致坏账的出现，还会导致资金沉淀。比如，由于对客户调查不足，对客户没有进行全面和充分的了解便同意客户的赊账请求，如果客户到了账期找借口拖延归还账款，这将导致企业现金周转不畅。

（3）账目管理混乱

如果账目管理缺乏科学的预算体系，企业在采购原料时会出现“货比三家”只是走过场、运输费超标等问题，在日常账目审核时会出现瞒报、多报的情况。这些账目管理混乱问题没有涉及企业经营活动的重大环节，所以得不到企业的重视，但是随着时间的积累，小额资金终会变成一笔不小的现金支出，进而影响企业的现金周转。

（4）营运资金管理水平低下

营运资金也就是企业的流动资金，如果企业营运资金管理水平低下，将导致库存周转期、应收账款周转期等时期的延长，而时期的延长必将导致大量流动资金被占用。这将直接导致现金收回周期延长，从而影响企业的现金周转。

现金流量对企业而言是非常重要的指标，通过现金流量可以衡量企业的经营状况是否良好，可以判断企业的变现能力是高是低，可以评估企业偿还债务的能力如何。

企业一定要掌握影响现金周转的因素，避免企业因为现金周转不畅而陷入经营困境。

第四节 现金流缺口的预测

企业想要确定是否存在现金流缺口，可以采取现金收支法和净收益调整法对企业的现金流进行预测。

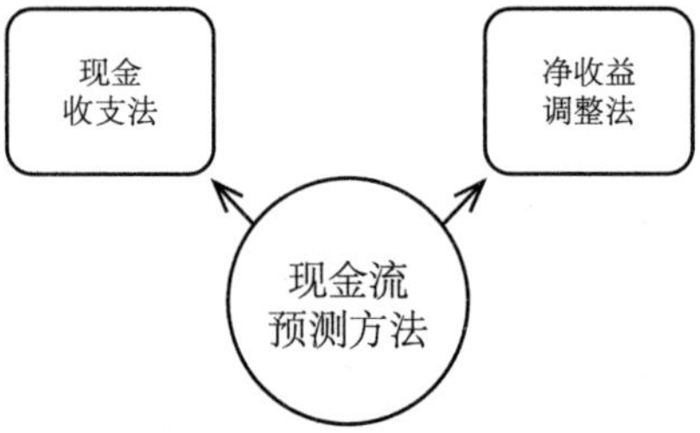

图 8.4.1 现金流预测方法

1. 现金收支法

现金收支法，指的是将预算期可能发生的现金收入和现金支出分类列出，然后分别进行预测，进而对现金不足或多余进行确定的一种方法。

现金收支法主要包括三部分内容：预算期内现金收入总额、预算期内现金支出总额以及确定现金余额后的处理。

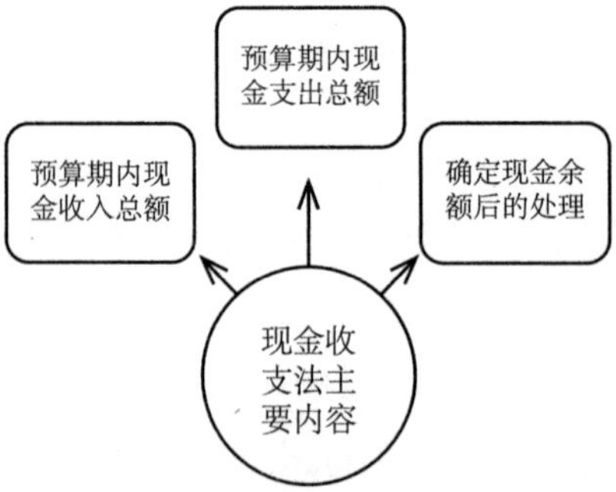

图 8.4.2 现金收支法主要内容

（1）预算期内现金收入总额

预算期内现金收入，虽然包括一小部分其他收入，但主要指的是销售收入。因此，在现金收支预测中对销售进行预测极其关键，而销售产品的数量、单位产品的平均价格以及赊账时间的长度三个因素对销售额的预测起着重要作用。

（2）预算期内现金支出总额

预算期内现金支出主要包括两部分：一部分是营运现金支出，另一部分是其他现金支出。具体包括采购原材料费用、租金、支付税金等。

（3）确定现金余额后的处理

通过对企业预算期内现金收入总额和现金支出总额的预测，可以将企业期末现金结余情况推算出来。如果现金不足则说明企业存在现金缺口，企业需要采取措施提前进行筹资；如果现金有剩余则说明企业存在现金盈余，企业可以采取有效措施增加收益。

采用现金收支法编制现金预算，应按照以下步骤进行：

① 以本期的销售预算、应收账款、应收票据等数据资料为依据，对企业本期的现金流入量即现金收入和其他收入进行预测。

② 以原材料、支出工资、财务费等各项费用预算资料为依据，对企业本期的现金流出量即现金流出和其他现金流出进行预测。

③ 对企业本期的现金结余最低存量进行确定，以最低存量为依据将企业本期现金余额情况推算出来。

按现金收支法编制现金预算有优点也有缺点。

优点在于：比较灵活，能够很好地对现金预算的执行情况进行控制和分析，适用于资金流转不稳定的企业。

缺点在于：计划期损益确认是以权责发生制为基础，而现金收支法的编制基础是收付实现制，两者不能做到良好衔接。

以下是按照现金收支法编制的甲公司 2002 年年度现金预算表。

表 8.4.1 甲公司 2002 年年度现金预算表

单位：元

项目 \ 季度	1	2	3	4	全年
期初现金余额		25500	25300	22400	55000
加：现金收入					
销货现金收入	55000	240000	240000	150000	800000
收回应收账款	150000	40000	50000	50000	190000
其他应收账款		30000		50000	50000
可供使用现金合计	205000	335500	315300	272400	1050000
减：现金支出					
采购原材料	160000	160000	110000	110000	540000
工资	50000	50000	80000	50000	230000
管理费用	18000	18000	18000	18000	720000
销售费用	9000	12000	12000	9000	42000
财务费用	7000	7000	7000	7000	28000
税金	25000	20000	22000	17000	84000
现金支出合计	269000	267000	249000	211000	996000
现金余缺	-64000	68500	66300	61400	54000
对现金余缺的处理					
银行短期借款	90000				90000
偿还借款		30000	30000	30000	90000
短期证券投资					
期末现金余额	26000	48500	46300	31400	31400

从上面的现金预算中可以看出，甲公司第一季度存在现金缺口，计划向银行贷款 90000 元解决现金缺口的问题，第二季度、第三季度、第四季度现金有盈余，计划分别偿还银行贷款 30000 元。通过现金收支法编制现金预算可以让企业提前做好筹资以及投资安排。

2. 净收益调整法

净收益调整法，指的是对企业的净收益进行调整，实现从权责发生制到收付实现制的转变，进而对现金流量进行确定的一种方法。

采用净收益调整法编制现金预算，应按照以下步骤进行：

（1）将税前净收益的基础进行调整，即从权责发生制基础调整为现金收付基础，然后对调整后的税前净收益按照一定的方法再进行调整，调整成税后净收益。

（2）将现金收付基础的税后净收益加上（减去）与预算期收益无关或与损益无关的现金收入（现金支出），然后调整为预算期现金余额的增加额。

（3）对预测期期初和期末调整数据加以运用，进而对企业一定时期内的现金存量进行确定。也就是说，将预算期现金余额的增加额加减期初现金、期末现金余额，同时将发放现金股利的支出扣除，便可以得到现金余额。如果现金余额为负数则说明企业存在现金缺口，企业需要采取措施进行筹资；如果现金余额为正数则说明企业不存在现金缺口，企业可以扩大投资。

按净收益调整法编制现金预算有优点也有缺点。

优点在于：净收益调整法对权责发生制确定的净收益和收付实现制确定的净收益进行了统一。首先，反映了企业收益额和现金流量间的内在关系；其次，对企业虽然有盈利但存在现金拮据的原因进行了说明，还对企业虽然存在亏损现象但现金却有盈余的原因进行了解释。

缺点在于：净收益调整法存在局限性，具体表现在它不能将现金流入的具体情况和现金流出的具体情况直观地反映出来。

企业对现金流缺口进行预测十分必要，因为一旦企业出现现金缺口致使没有现金可用，且没有办法获得新的融资时，企业将面临极大的财务风险，甚至可能破产倒闭。从一定程度上讲，现金流是企业的命脉，因此企业一定要对现金流的发生情况进行预测，确保企业有足够的现金支撑企业的生存和发展。

第五节 现金流量管控

对于一个企业而言，现金流量占据非常重要的地位。如果企业没有足够的现金流量，那么企业将没有能力偿还债务，经营状况也将陷入困境，甚至将面临破产倒闭的局面。因此，企业一定要对现金流量进行管控，保证企业能够有足够的现金流量。企业可以从以下几个方面对现金流量进行管控。

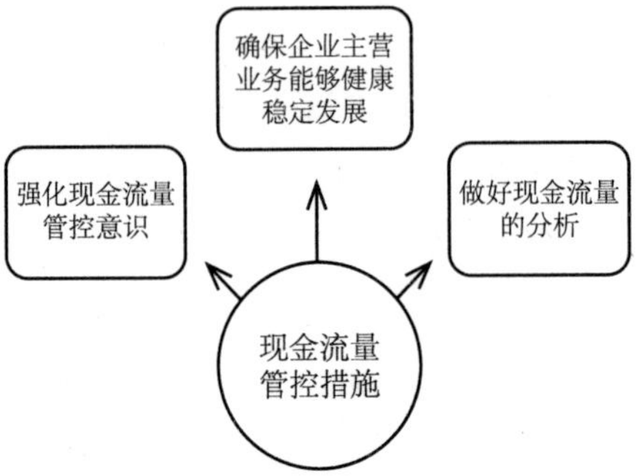

图 8.5.1 企业进行现金流量管控的措施

1. 强化现金流量管控意识

在企业财务管理中，现金流量管控占据核心地位，因为企业不仅可以通过现金流量对企业本身的价值做出评估，还能通过对现金流量的考察对企业的财务风险做出判断。因此，企业的管理层、财务人员和员工都应树立现金流量管理观念。

企业管理层要对现金流量管理加以重视，将现金流量管控列入企业战略之中，并通过对现金流量的考察对企业的经营成果做出评价。企业实现价值最大化应建立在良性现金流的基础之上，不能为了改善企业的短期利润状况而以牺牲企业的长期现金流为代价，更不能出现经营状况和财务状况背道而驰的局面，即一边是良好的经营成果，另一边却是不堪的财务状况。

作为员工，首先要明白现金流量管理对企业的重要性，做到"产量至上、利润至上"观念向"现金为王"观念的转变。其次，员工要明白对现金流量进行管控不只是财务部门的事情，因为现金流量与企业每个环节、每个部门甚至每笔业务息息相关。只有包括员工在内的所有企业人员做到良好沟通，为企业共同的利益而奋斗，才能真正做好现金流量管控。

2. 确保企业主营业务能够健康稳定发展

为了让企业能够持续拥有产生现金流的能力，保持企业主营业务现金流的通畅非常关键。用于企业主营业务的现金流一旦不足，极有可能让企业业务链断裂，进而影响企业的生存和发展。因此，为了保持企业主营业务的常态化，企业在对主营业务和其他业务的使用资金进行配置时，应按照一定的比例进行分配。

此外，当企业主营业务现金流处于正常状态时，在有能力偿还短期债务的同时，企业需要对现有的现金流做出分析，明确还有多少可以被支配的现金流，并根据市场变化对现金流做出相应的支配，让现金流的周转速度得以提高，使其不会因为存货、应收账款、应付账款等对现金流造成不良的影响。

3. 做好现金流量的分析

首先，通过企业所处的发展阶段，对企业的现金流量是否合理做出判断。企业在发展过程中需要经历四个阶段，即萌芽期、成长期、成熟期和衰退期。评价企业的现金流是否健康，需要先对企业所处的生命周期有所了解。因此，在具体分析过程中，需要将从现金流量表中获取的数据与企业实际所处的生命周期进行对比，这样才能考察企业现金流是否存在问题。同时，对比企业前后几个会计年度的现金流量，观察企业的现金流量变动趋势，可以对企业未来的现金流量做出更好的预测。

其次，要对企业经营活动中产生的现金流量做好分析。企业经营活动中产生的现金流量，对企业的生命周期起着决定性作用。如果企业在经营活动中不能产生足够的现金流量，那么企业的财务状况将受到影响。

总之，对现金流量进行管控可以有效降低企业的债务风险和营运资金周转风险等，同时还能最大限度地提高资金的使用效率，让企业实现价值最大化。

第九章

企业利润规划与分配

第一节　企业利润构成

利润，指的是在一定时期内企业生产经营的财务成果。

利润主要由三部分构成，即营业利润、利润总额以及净利润。

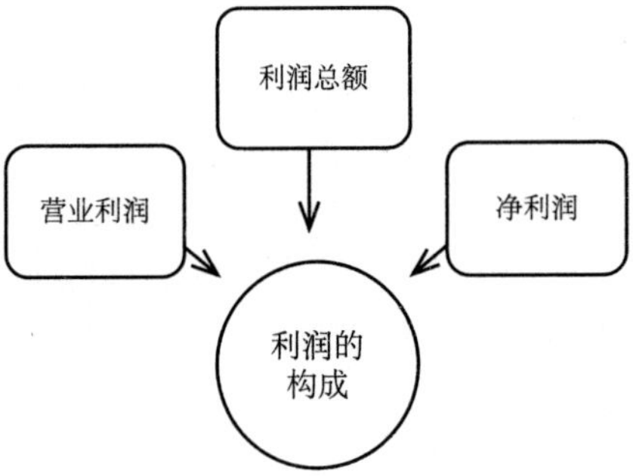

图 9.1.1　利润的构成

1. 营业利润

营业利润，指的是企业在生产经营过程中实现的利润。

（1）营业利润的构成

企业利润主要来源于营业利润。营业利润主要由六部分构成，即营业收入、营业成本、期间费用、资产减值损失、公允价值变动收益、投资净收益。

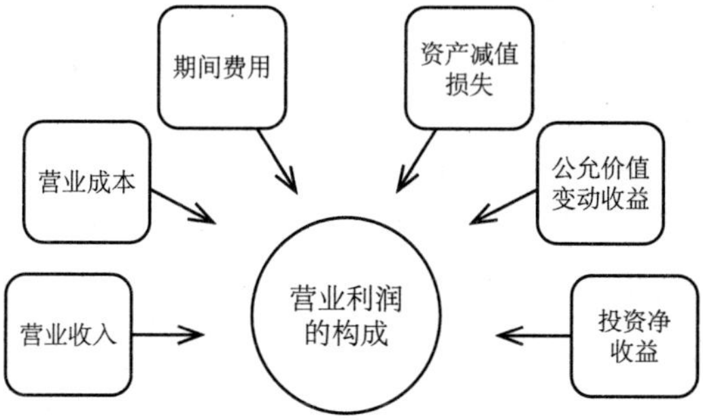

图 9.1.2 营业利润的构成

① 营业收入

营业收入，指的是企业在主营业务或者其他业务进行过程中获得的收入。

营业收入主要包括两类，即主营业务收入和其他业务收入。

② 营业成本

营业成本，指的是企业在销售产品或者提供劳务过程中发生的成本。

营业成本主要包括两类，即主营业务成本和其他业务成本。

③ 期间费用

期间费用，指的是在企业日常经营活动中发生的成本，将不能计入特定核算对象的成本，计入发生当期损益的费用。

期间费用主要包括三类，即销售费用、管理费用以及财务费用。

④ 资产减值损失

资产减值损失，指的是由于资产的可收回金额与其账面价值不匹配而造成的损失，这种不匹配体现在资产的可收回金额低于资产的账面价值。

⑤ 公允价值变动收益

公允价值变动收益，指的是由于公允价值变动导致资产或负债形成的收益。

⑥ 投资净收益

投资净收益，指的是将企业在对外投资中获得的收益扣除损失后的余额。

投资净收益主要包括三类，即对外投资取得的利润、股利和债券利息，以及到期收回或中途转让投资所取得的款项大于实际投资金额或账面净值的余额。

（2）营业利润的计算公式

营业利润的计算公式：营业利润 = 营业收入 − 营业成本 − 营业税金及附加 − 销售费用 − 管理费用 − 财务费用 − 资产减值损失 − 公允价值变动损失（+ 公允价值变动收益）− 投资损失（+ 投资收益）

在计算营业利润时需要注意三个问题：

① 在营业利润的计算公式中，公允价值变动收益和投资收益是不确定的。

② 如果是公允价值变动损失，在计算营业利润时要进行减法计算；如果是公允价值变动收益，在计算营业利润时要进行加法计算。

③ 如果是投资损失，在计算营业利润时要进行减法计算；如果是投资收益，在计算营业利润时要进行加法计算。

2. 利润总额

可以通过利润总额看出企业的经营业绩如何。也就是说，利润总额是衡量企业经营业绩的一个极其重要的经济指标。

（1）利润总额的计算公式

利润总额的计算公式：利润总额 = 营业利润 + 营业外收入 − 营业外支出

其中：营业外收入，指的是和企业日常经营活动没有任何直接关系的各项收入。企业合并损益、因债权人原因确实无法支付的应付款项、政府补助、罚款收入、捐赠利得、盘盈利得、教育费附加返还款等都包含在营业外收入之内。

营业外支出，指的是和企业日常经营活动没有任何直接关系的各项支出。非货币性资产交换损失、非常损失、盘亏损失、债务重组损失、公益性捐赠支出等都包含在营业外支出之内。

（2）利润总额衡量企业经营业绩

通过利润总额可以看出企业的经营业绩如何：

当利润总额小于零时，说明在一年的生产经营活动中企业所获得的收入小于支出，而这就是常说的企业处于亏损状态。

当利润总额为零时，说明在一年的生产经营活动中企业所获得的收入与支出保持平衡，而这就是常说的企业处于盈亏平衡状态。

当利润总额大于零时，说明在一年的生产经营活动中企业所获得的收入大于支出，而这就是常说的企业处于盈利状态。

表 9.1.1 利润总额衡量企业经营业绩

利润总额	收入、支出关系	企业状态
小于零	收入小于支出	企业处于亏损状态
等于零	收入等于支出	企业处于盈亏平衡状态
大于零	收入大于支出	企业处于盈利状态

3. 净利润

净利润，指的是企业当年的利润总额缴纳了所得税后的金额。

（1）净利润的计算公式

净利润的计算公式：净利润 = 利润总额 – 所得税费用

其中，所得税指的是按照国家相关法律法规的规定，企业按照获得的利润总额向国家缴纳的税金。

（2）净利润的重要性

净利润是衡量企业经营效益的一个非常重要的指标：当企业的净利润多时，说明企业的经营效益比较好；当企业的净利润少时，则说明企业的经营效益比较差。

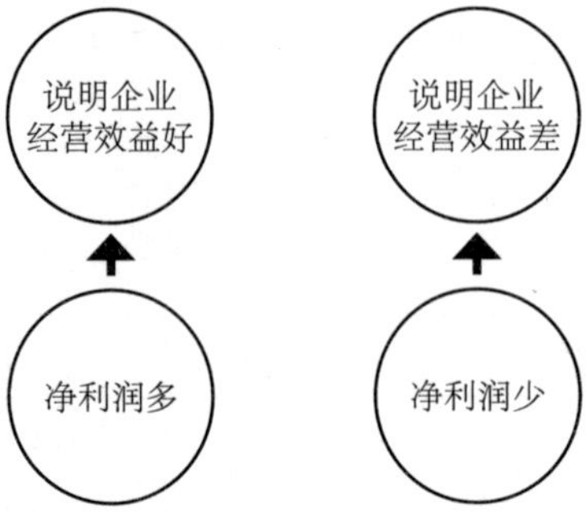

图 9.1.3 净利润是衡量企业经营效益的重要指标

只有以足够的利润做支撑，企业才能可持续发展与生存；没有足够的利润，企业的生存与发展将面临巨大的挑战。

第二节 企业利润分配方式

利润分配是企业在一定时期（通常为年度）内对所实现的利润总额以及从联营单位分得的利润，按规定在国家与企业、企业与企业之间的分配。

企业的所有制性质不同，采用的利润分配方式也不同。比如集体所有制企业，通常会采用国家征税、自负盈亏的方式对利润进行分配；国有企业的利润分配经过了两个阶段，所以采用了两个利润分配的方式：第一阶段是 1978 年之前，此时企业采用的利润分配方式是统收统支；第二阶段是从 1978 年开始，此时企业采用的利润分配方式是一部分利润企业自留，另一部分利润上缴给国家。

总的来说，企业利润分配的方式主要有企业基金、利润留成、盈亏包干、利改税。

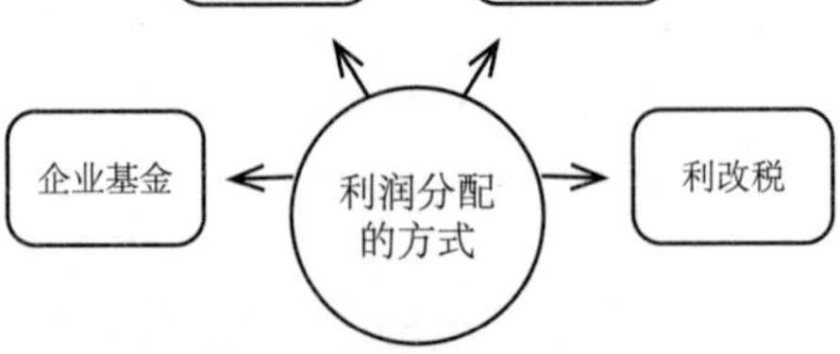

图 9.2.1 企业利润分配的方式

1. 企业基金

企业基金，早在 20 世纪 50 年代就出现了，指的是企业将国家规定的计划指标完成以后，可以通过两个途径按照一定比例从中提取企业基金：一个是从工资总额中；另一个是从当年利润比上一年利润的增长额中，提取完企业基金后其余全部上缴国家。企业可以用提取的企业基金进行发展生产，也可以将企业基金用于职工福利、职工奖励等。企业基金的比例一般会按照工资总额的 5% 进行计提。

2. 利润留成

利润留成，是指从企业实现的全部利润总额或部分利润额中，按规定比例提取一部分留给企业使用，这是中国对国有企业在分配关系方面实行的一种过渡性办法。

利润留成一般有三种形式，即全额留成、超额留成以及基数加增长利润留成。

（1）全额留成，指的是统一按照一定的比例将企业获得的利润进行留成。留成比例需要先将企业过去 3 年应该得到的基数利润留成与增长利润留成的总数计算出来，然后计算该总数占企业过去 3 年的利润总额的比例，企业对该比例予以核定并确定留成比例。生产活动正常，生产任务多、利润稳定的企业可以采用这种形式进行利润留成。

（2）超额留成，指的是只对超出计划范围内的利润按照一定的比例进行留成。生产任务比较少，利润逐渐下滑的企业，可以采用这种形式进行利润留成。

（3）基数加增长利润留成。企业的当年利润包括两部分：一部分是基数利润，另一部分是增长利润。基数加增长利润留成指的是，提取基数利润留成资金和增长利润留成资金。需要注意的是，基数利润留成资金是按照核定的比例进行提取，增长利润留成资金是按照国家规定的比例进行提取。

3. 盈亏包干

盈亏包干，指的是对部分微利企业，国家采用“上缴利润包干，超收部分分成或全部留用”的利润分配方式。对于那些由于客观原因导致发生亏损的企业，国家采用的是定额补贴包干的利润分配方式。

4. 利改税

利改税，指的是企业按照相关的税种和税金的规定缴纳完纳税金额后，将税后利润全部自留并行使使用权。

第三节　企业利润分配原则

利润分配的原则分别为依法分配原则、资本保全原则、充分保护债权人利益原则、多方利益兼顾原则以及分配与积累并重原则。

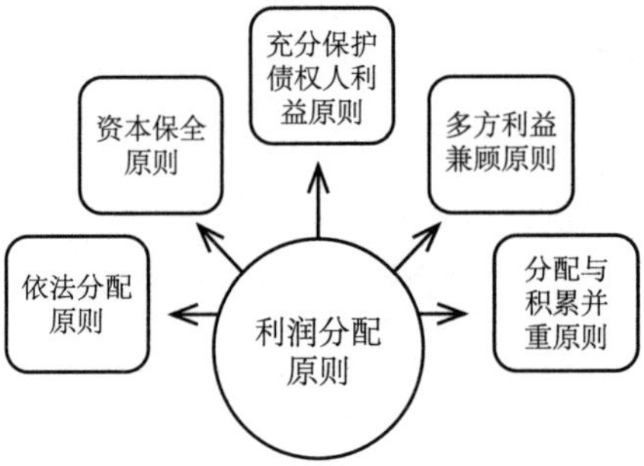

图 9.3.1　利润分配原则

1. 依法分配原则

企业分配的利润是企业的净利润，企业可以自主将这些净利润进行分配。为了能够保障企业、所有者、债权人以及员工的合法利益，也为了确保企业能够有序分配企业的利润，更为了促使企业积累的增加以及防范能力的增强，在利润分配方面国家做出了明确的规定。因此，企业在进行利润分配时，一定要按相关法律法规的规定进行分配。

2. 资本保全原则

在责任有限的现代企业制度基础性原则中，资本保全是指企业在对利润进行分配过程中资本不能被侵蚀。企业必须明白，利润分配不是返还本金，而是分配资本增值额。

根据这一原则，如果企业在进行利润分配时还存在亏损，通常情况下，企业要弥补亏损后才能进行利润分配。

3. 充分保护债权人利益原则

风险承担的顺序以及相关合同契约为债权人的利益提供了保障，其要求企业需要将债权人到期的债务偿还清才能进行利润分配。而且，为了防止出现财务危机，使企业陷入生存危机之中，企业在进行利润分配以后应该保持一定的偿债能力。除此之外，企业与债权人签订长期债务契约合同的时候，该契约中的利润分配政策应该征求到债权人的同意或者审核方可执行。

4. 多方利益兼顾原则

制约机制的核心是利益机制，利益机制能不能持续发挥作用关键取决于利润分配是不是合理。而利润分配涉及多方面利益，比如投资的利益、经营者的利益、职工的利益等，所以企业在进行利润分配时一定要尽可能保持稳定，将各个方面的利益都兼顾。

5. 分配与积累并重原则

企业在进行利润分配时，需要将长远发展与近期利益之间的关系处理好，坚持分配与积累并重的原则。换言之，为了满足企业发展与优化资本结构的需要，按相关法律法规的规定留用利润的同时，还需要适当留存一部分利润为企业的长远发展做积累。

第四节 企业利润分配顺序

企业利润分配的顺序，指的是企业实现经营所得后，应该按照什么顺序进行分配。企业利润一般应该按照以下顺序进行分配。

1. 计算可供分配的利润

将企业当年的利润总额缴纳所得税后的金额，即当年净利润或者当年亏损，将其和年初没有分配的利润或者亏损进行合并，然后将可供分配的利润计算出来。

如果计算出来可供分配的利润是负数，表明企业发生了亏损，没有可供分配的利润，不能进行后续利润的分配；如果计算出来可供分配的利润是正数，说明企业发生了盈利，有可供分配的利润，可以进行后续利润的分配。

图 9.4.1　可供分配的利润状况说明

2. 支付相关的财务损失、滞纳金以及罚款

在企业的生产经营过程中，如果企业做出了违反相关法律法规的行为，那么在利润分配时，企业需要先缴纳相应的滞纳金和罚款。

3. 对企业之前的年度亏损进行弥补

对亏损进行弥补有两种情况：

《企业财务通则》第三十一条规定：“企业发生的年度亏损，可以用下一年度的利润弥补；下一年度利润不足弥补的，可以在五年内用所得税前利润延续弥补。延续五年未弥补的亏损，用缴纳所得税后的利润弥补。”

究竟是税前弥补，还是税后弥补，取决于五年期限的界定。如果企业的亏损状态没有超过五年可以用税前利润进行弥补，弥补亏损后如果还有利润剩余，企业需要用

企业可以确定一个比较高的股利占盈余的比率，然后按照此比率从盈利中向股东发放股利。固定股利支付率政策将“多盈多分、少盈少分、无盈不分”的股利分配原则充分地展现了出来。

② 企业采用固定股利支付率政策分配股利，企业每年按照固定的比率从盈利中向股东发放股利。从企业支付能力方面看，固定股利支付率政策是一种相对比较稳定的股利政策。

③ 如果企业将每年的股利支付率维持在 30% 以及 30% 以上，这样能够帮助企业降低再融资的风险。

固定股利支付率政策的优点		
企业的股利支付和盈利紧密联系，不会导致资金短缺	从支付能力方面看，固定股利支付率政策是一种稳定的股利政策	每年的股利支付率维持在 30% 或以上，能够降低企业再融资的风险

图 9.5.10 固定股利支付率政策的优点

（2）固定股利支付率政策的缺点

固定股利支付率政策的缺点主要表现在以下几个方面：

① 如果企业每年用于支付股利的金额变化幅度比较大，会让投资者误以为企业的经营状况不稳定，需要承担较大的投资风险。这将会对企业的发展造成不利的影响。

② 企业极有可能会面临较大的财务压力。企业有较多的盈利并不能说明企业用于发放股利的现金充足，只能说明企业的经营状况比较好而已。

③ 想要确定合适的固定股利支付率比较困难。如果确定的固定股利支付率较高，在派发股利时，如果没有足够的现金，那么企业面临的财务压力就会很大；如果确定的固定股利支付率较低，投资者将会损失一部分投资收益。此外，当企业的发展需要足够的资金做支撑时，固定股利支付率也会对企业的发展产生不利影响。

固定股利支付率政策的缺点		
股利波动会让投资者认为企业的经营状况不稳定，投资风险比较大，不利于企业发展	公司极有可能会面临较大的财务压力	想要确定合适的固定股利支付率比较困难

图 9.5.11 固定股利支付率政策的缺点

（3）固定股利支付率政策的适用性

发展良好、财务状况比较稳定的企业可以采用固定股利支付率政策进行股利分配。

图 9.5.12 固定股利支付率政策的适用性

4. 低正常股利加额外股利政策

低正常股利加额外股利政策，指的是企业先确定一个固定的且数额比较低的正常股利额，然后每年按照正常股利额向股东发放股利，再根据实际经营情况，在企业盈余比较多的年份向股东发放额外的股利。

（1）低正常股利加额外股利政策的优点

低正常股利加额外股利政策的优点主要表现在以下两个方面：

① 能够让企业保持一定的灵活性。低正常股利加额外股利政策不仅能够让企业在进行股利分配方面留有余地，还能让企业的财务具有一定的弹性。与此同时，每年根据企业的实际经营情况选择对应的股利发放水平，还有助于企业资本结构的完善以及企业财务目标的实现。

② 对增强投资者信心和稳定股票价格有积极的作用。由于企业每年按照固定的且数额比较低的正常股利额向股东发放股利，当企业盈利比较少的时候，企业仍能够按照约定的股利水平向股东发放股利，这样不仅能够保障投资者的固定收益，还有利于

维持股票的现有价格。此外，当企业的盈利状况比较好且有剩余盈利现金时，还可以在按正常股利额向股东发放股利外，再向股东发放额外的股利。额外股利向投资者释放了一个企业经营状况良好的信号，这不仅会对股票价格上扬产生积极影响，也会增强投资者对企业的信心。

低正常股利加额外股利政策的优点	
让企业保持一定的灵活性，有助于企业资本结构的完善以及财务目标的实现	对增强投资者信心、稳定股票价格有积极的作用

图 9.5.13 低正常股利加额外股利政策的优点

（2）低正常股利加额外股利政策的缺点

低正常股利加额外股利政策的缺点主要表现在以下两个方面：

① 额外股利随着年份之间的盈利波动而波动，这样会让投资者感觉企业的经营状况不稳定。

② 如果企业连续几年持续发放额外股利，股东会错误地认为额外发放的股利就是正常股利。一旦企业不再发放这部分额外股利，股东极有可能会认为企业的经营状况比较差，甚至可能造成企业股价下跌。

低正常股利加额外股利政策的缺点	
额外股利的波动，会让投资者感觉企业经营状况不稳定	停发额外股利，会让股东认为企业经营状况差，进而导致股价下跌

图 9.5.14 低正常股利加额外股利政策的缺点

（3）低正常股利加额外股利政策的适用性

如果企业的经营状况以及盈利水平不稳定，那么该企业可以采用低正常股利加额外股利政策。

如果企业的盈利水平会随着经济周期发生较大的波动，那么该企业可以采用低正常股利加额外股利政策。

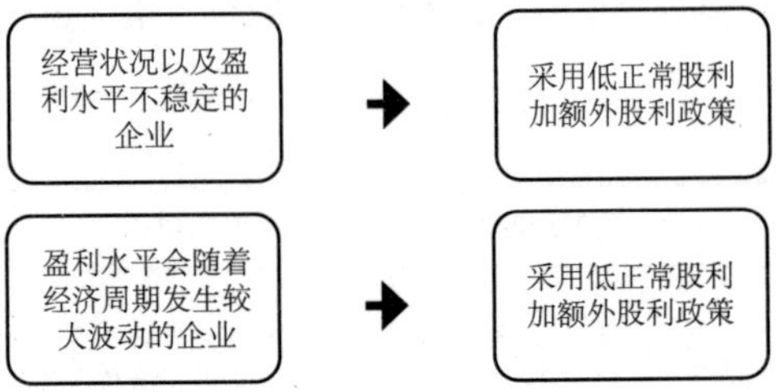

图 9.5.15 低正常股利加额外股利政策的适用性

在实行股利分配政策的时候，企业应该根据自身的情况以及发展阶段选择正确的股利分配政策。否则，对资本结构的完善、资本目标的实现、股价的稳定以及投资者信心的增长等都会产生不利影响。

第十章

企业价值与财务分析

第一节　企业价值的表现形式

企业价值指的是企业本身的价值。从财务管理角度来讲，企业价值的表现形式有很多，主要有账面价值、内涵价值、市场价值、清算价值以及重置价值等。

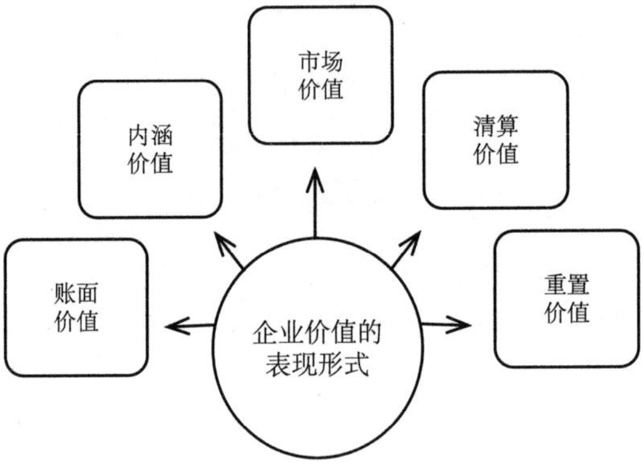

图 10.1.1　企业价值的表现形式

1. 账面价值

账面价值，指的是计量基础以会计的历史成本为原则，根据权责发生制的要求对企业价值进行确认。在企业的财务报表中，最能将企业某一特定时期的价值状况反映出来的是资产负债表，资产负债表上各项目的净值就是企业的账面价值。人们通过资产负债表能清晰了解企业掌握了多少资源、企业的负债情况如何以及所有者在企业中的权益情况。

当然，为了满足企业不同的需求，企业可以对企业账面价值进行适当调整。比如股份有限公司在外发行了优先股，如果想要对企业普通股东的净值进行确定的话，需要从净值总额中将优先股的价值剔除。

由于企业可以直接从报表资料中获得企业的账面价值，因此账面价值具有较强的客观性，计算比较简单、资料取得比较容易等特点。但是，由于不同的企业会采用不同的会计政策，同一企业在不同的会计时期也会采用不同的会计政策，再加上企业管理者能够轻易操纵账面价值，导致账面价值不具备可比性。基于以上原因，企业在使用账面价值的时候，一定要对企业人为方面的因素多加留意。

通常情况下，资产流动性比较强且会采取确切的会计政策的企业比较适用于账面价值。

2. 内涵价值

内涵价值，指的是以适当的折现率将企业未来现金流的预期收益进行折现的现值。

对内涵价值具有影响的因素有很多，例如专业人士对未来经济景气程度的预判、企业所处的生命周期阶段、企业所处生命周期阶段的市场销售状况、市场利率变动趋势等。虽然影响内涵价值大小的因素有很多，但绝大部分因素还是会受专业分析人士判断的影响，因此，在运用内涵价值的时候，企业需要对一些条件进行假设。比如，设定企业的现金流收益是按照一定的比例增长或者现金流收益固定不变。

通常情况下，投资者在投资债券、股票的时候，其投资依据就是内涵价值。

3. 市场价值

市场价值，指的是企业在市场上出售时所能得到的价值，也就是说企业的买卖价格就是企业的市场价值。

一般而言，市场价值与账面价值并不对等，对市场价值大小具有影响作用的是市场的供需状况，但市场价值也受内涵价值的影响。企业的市场价格会根据其内涵价值大小的变化而上下波动，理想且完美的状况是市场价值与内涵价值对等。但是受主观因素、市场因素等的影响，企业的市场价值往往会与其内涵价值发生偏差，而在不成熟的市场上这种偏差现象常常会极大。

4. 清算价值

清算价值，指的是由于破产或者其他原因，将企业或资产在一定时期内变现收回的现金额。确认企业股东的清算价值需要先将企业的债务偿还，偿还以后的剩余价值才是股东的清算价值。企业在进行清算时遵循的原则是变现速度快、收入高，既可以将企业进行整体出售，也可以将企业进行拆分，只将企业的个别资产进行出售。

5. 重置价值

重置价值，指的是按照企业当下的生产条件，重新购建固定资产需要花费的成本。

在确定企业重置价值时，首先要做的是以各项资产的特性为依据，将各项资产的重置成本估算出来，然后将已经发生的资产损耗扣除，这样便能够确认企业的重置价值。需要注意的是，扣除的资产损耗不仅需要扣除资产的有形损耗，还需要扣除资产的无形损耗。

虽然企业价值的表现形式有很多种，但是由于只有市场价值和内涵价值将企业未来的收益能力、未来的发展趋势进行了充分考虑，所以企业在进行财务决策时，往往会将市场价值、内涵价值当成评判的依据。

第二节 财务分析的主体与客体

关于财务分析的定义，有很多不同的表述。

美国南加州大学教授内格斯（Water B.Neigs）认为，财务风险是一种技术，其本质是对各种财务信息进行搜集、决策并进行分析和解释的一种技术。

美国纽约市立大学教授利奥波德（Leopold A.Bernstein）认为，财务风险是一种判断的过程，其目的就在于对企业现在或过去的经营状况和成果进行评估，而预估出企业未来的经营状况和业绩是财务分析的主要目的。

财务分析，指的是依据会计核算资料、报表资料以及其他相关资料，对企业过去、现在经济活动的盈利能力、营运能力、偿债能力以及增长能力等状况，通过运用专门的分析技术和方法进行分析和评价的经济管理活动。

1. 财务分析的主体

财务分析的主体包括投资人、债权人、经营人员、政府机构以及与企业有利益关系的其他人员。

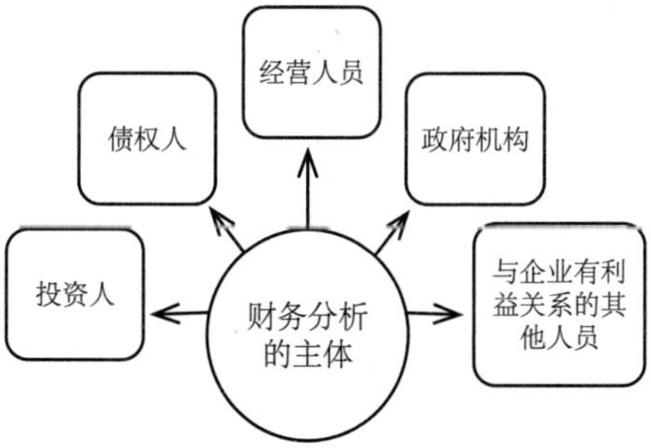

图 10.2.1 财务分析的主体

（1）投资人

投资人指的是权益投资人，也就是企业的普通股东。

为了增加和扩大自身的财富，企业的普通股东会选择投资企业。正因如此，企业的普通股东会极其在乎企业的偿债能力、收益能力以及抗风险能力等。

权益投资人之所以会进行财务分析，是因为要回答以下几个问题：

① 企业当前的收益以及长期的收益处于何种水平，如果发生重大变动，企业的收益水平会不会受到影响。

② 企业的财务状况是怎样的，企业资本结构决定的风险和报酬是怎样的。

③ 与其他竞争者相比，企业的地位是怎样的。

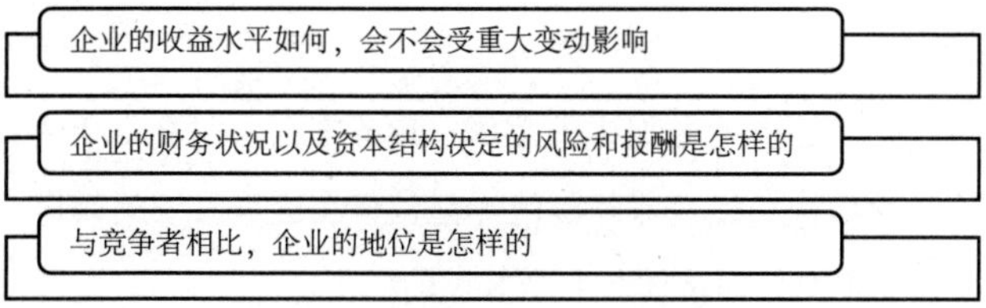

图 10.2.2 投资人进行财务分析回答的问题

（2）债权人

债权人，指的是给企业提供借款且企业承诺向其还款的人。基于此，债权人比较在乎的是企业偿还债务的能力。

债权人分短期债权人和长期债权人，无论是短期债权人还是长期债权人，其决策的内容都包括是否需要将债权提前收回作出肯定的决定或否定的决定。

债权人之所以会进行财务分析，是为了回答以下几个问题：

① 企业额外筹措资金的原因。

② 企业用于还本付息的资金来源途径可能是什么。

③ 企业是否能按期将之前的短期借款和长期借款偿还。

④ 在未来，企业会在哪些方面需要借款。

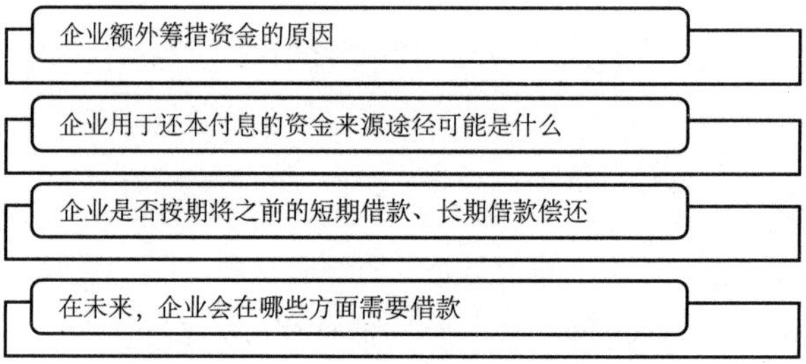

图 10.2.3 债权人进行财务分析回答的问题

（3）经营人员

经营人员，有时也被称为“管理当局”，指的是受雇于企业所有者，由管理企业资产和负债的个人组成的团体。经理人对企业的财务状况、盈利能力以及持续发展能力格外在乎。经营人员进行财务分析是为了改善报表。

（4）政府机构

政府机构也是使用企业财务报表的主体，税务部门、国有企业的管理部门、证券管理机构、会计监管机构和社会保障部门等都包含在这里所说的政府机构里面。政府机构使用财务报表的主要目的是履行监督管理的职责。

（5）与企业有利益关系的其他人员

与企业有利益关系的其他人员包括职工、审计人员、咨询人员等。

2. 财务分析的客体

企业各项基本活动是财务分析的客体。而企业的基本活动分为三类，即筹资活动、投资活动和经营活动。

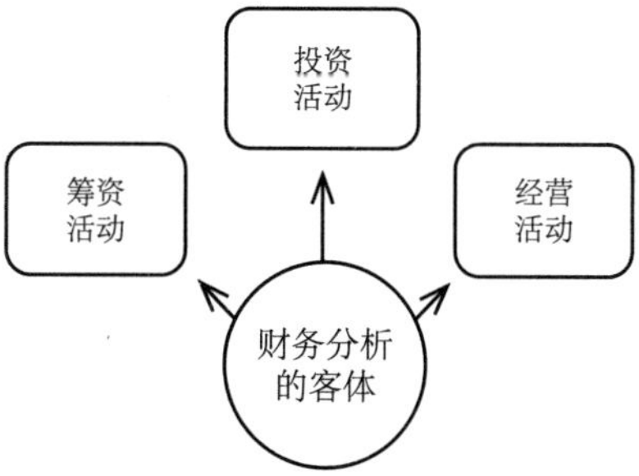

图 10.2.4 财务分析的客体

（1）筹资活动

筹资活动，指的是筹集用于企业投资和经营的资金的活动。企业可以通过发行股票和债券取得借款，利用内部积累资金等活动筹集资金。

（2）投资活动

投资活动，指的是将企业筹集到的资金在资产项目中进行分配的活动。企业可以通过购置长期资产以及流动资产活动进行投资。在企业各项基本活动中，投资活动是最重要的部分。

（3）经营活动

经营活动，指的是通过运用资产进行赚取收益的活动，但该活动需要在必要的筹资和投资基础上进行。经营活动主要包括五项，分别为研究与开发、采购、生产、销售和人力资源管理。企业的收益主要来源于经营活动。

筹资活动、投资活动、经营活动不是相互对立的，而是相互联系的，因此企业在进行业绩评价的时候，不能将这三项基本活动分裂开来。

财务分析的最终目的是在财务报表使用者进行相关决策的时候，为其提供切实可靠的决策依据。而在进行财务分析时，财务分析主体的目的各不相同，换言之，财务分析的主体制约着财务分析的目标，因此企业一定要分清财务分析的主体以及客体。

第三节 财务分析的方法

财务分析的方法主要有三种，分别为趋势分析法、比率分析法以及因素分析法。

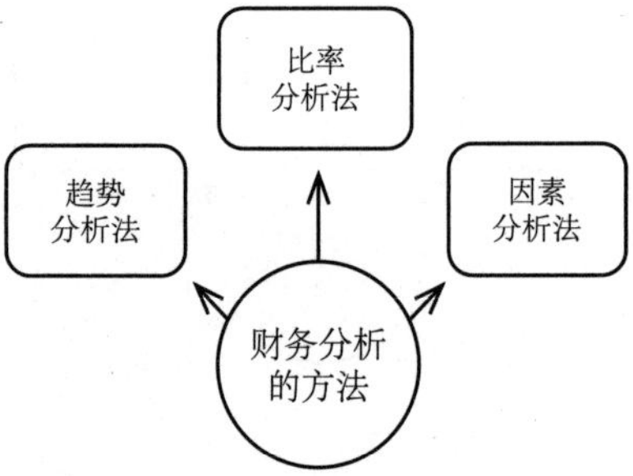

图 10.3.1 财务分析的方法

1. 趋势分析法

趋势分析法，指的是通过将财务报表中两期或者连续数期相同指标的对比，实现对财务增减变动方向、数额以及幅度的确定，进而达到对企业经营状况、成果变动趋势进行说明的目的的一种方法。

（1）趋势分析法的具体运用方式

趋势分析法的具体运用方式有三种，分别为重要财务指标的比较、会计报表的比较以及会计报表项目构成的比较。

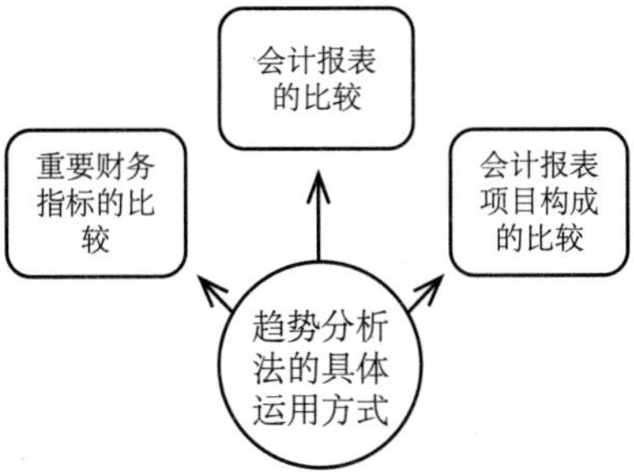

图 10.3.2 趋势分析法的具体运用方式

① 重要财务指标的比较

重要财务指标的比较对象是企业不同时期财务报告中的相同指标或者相同的比率，通过对比较对象增减变动情况、变动幅度的观察，对其发展趋势与发展前景作出预测。

在比较不同时期财务指标时，可以用定基动态比率和环比动态比率两种方法进行比较。

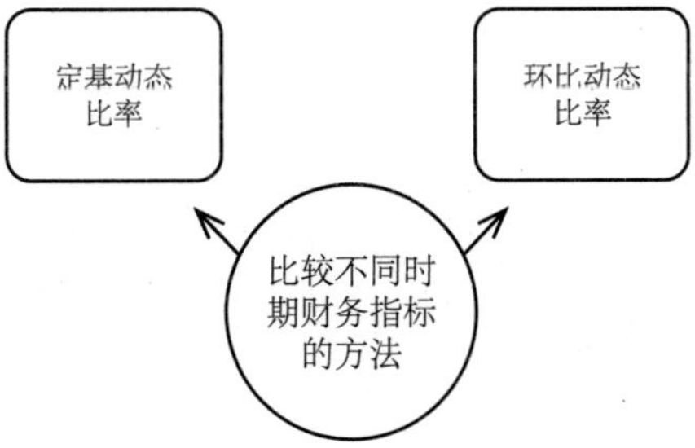

图 10.3.3 比较不同时期财务指标的方法

A. 定基动态比率

定基动态比率，指的是将企业某一时期的数额当成固定基期数额，然后通过计算得出动态比率。

定基动态比率的计算公式：定基动态比率 = 分析期数额 ÷ 固定基期数额 ×100%

案例说明：将 2002 年作为固定基期，分析企业接下来两年的利润增长比率情况，即 2003 年和 2004 年的利润增长比率情况。如果企业 2002 年的净利润是 150 万元，2003 年的净利润是 180 万元，2004 年的净利润是 210 万元，那么 2003 年和 2004 年的定基动态比率分别为

2003 年的定基动态比率 = 180÷150×100%= 120%

2004 年的定基动态比率 = 210÷150×100%= 140%

B. 环比动态比率

环比动态比率，指的是将每分析期的前期数额当成基数数额，然后通过计算得到动态比率。

环比动态比率的计算公式：环比动态比率 = 分析期数额 ÷ 前期数额 ×100%

案例说明：假设企业 2005 年的净利润是 200 万元，2006 年的净利润是 250 万元，2007 年的净利润是 280 万元，那么 2006 年和 2007 年的环比动态比率分别为

2006 年的环比动态比率 = 250÷200×100%= 125%

2007 年的环比动态比率 = 280÷250×100%= 112%

② 会计报表的比较

会计报表的比较，指的是通过对连续数期会计报表相同指标的对比，观察其增减变动情况和变动幅度，进而对企业财务状况和经营成果状况做出判断的一种方法。

在运用会计报表的比较方法进行比较分析时，为了维护分析结果的全面性，最佳的做法是一方面将关于指标增减变动的绝对值计算出来，另一方面将其增减变动的相对值计算出来。

案例说明：企业利润表中显示 2002 年企业的净利润是 100 万元，2003 年企业的净利润是 150 万元，2004 年企业的净利润是 210 万元。

那么相关指标增减变动的绝对值分别为

2003 年与 2002 年相比，净利润增长情况为 150-100= 50（万元）

2004 年与 2003 年相比，净利润增长情况为 210-150= 60（万元）

通过绝对值分析可以看出，在企业效益增长方面，2004 年比 2003 年好。

相关指标增减变动的相对值分别为

2003 年与 2002 年相比，净利润增长率情况为（150-100）÷ 100×100%= 50%

2004 年与 2003 年相比，净利润增长率情况为（210-150）÷ 150×100%= 40%

通过相对值分析可以看出，在企业效益增长方面，2004 年比 2003 年差。

③ 会计报表项目构成的比较

会计报表项目构成的比较，指的是将会计报表中的某个总体指标当成 100%，然后将各个项目与该总体指标之间的百分比计算出来。通过对各个项目百分比增减变动情况的对比和观察，达到对相关财务活动变化趋势进行判断的一种方法。

与重要财务指标的比较和会计报表的比较两种方法相比，会计报表项目构成的比较这一方法能够更准确地将企业财务活动的发展趋势分析出来。无论是横向比较还是纵向分析，企业都可以用会计报表项目构成的比较方法。所谓横向比较，是指将同行业的多家企业横着排成一排进行比较；而纵向分析，是同一企业不同时期的分析，是将该企业连续几年的经营数据纵向排成一列进行比较和分析。而且，会计报表项目构成的比较方法将不同时期或者不同企业之间业务规模的差异影响消除，这对分析企业的耗费和盈利水平有积极的影响作用。

（2）注意事项

企业在采用趋势分析法对财务进行分析时，有几项事项需要注意：

① 采用统一的口径对企业各个时期的指标进行比较。

② 排除偶然突发项目的影响，用于分析的数据一定要将企业的经营状况正常反映出来。

③ 秉承例外原则，重点分析某项变动比较明显的指标，找出造成其变动的原因，并采取切实有效的措施趋利避害。

2. 比率分析法

比率分析法，指的是通过计算财务报表中相关指标的比率，用以分析企业财务活动变动程度，了解企业发展前景的分析方法。

（1）比率指标的类型

比率指标的类型主要分为三类，分别为构成比率、效率比率以及相关比率。

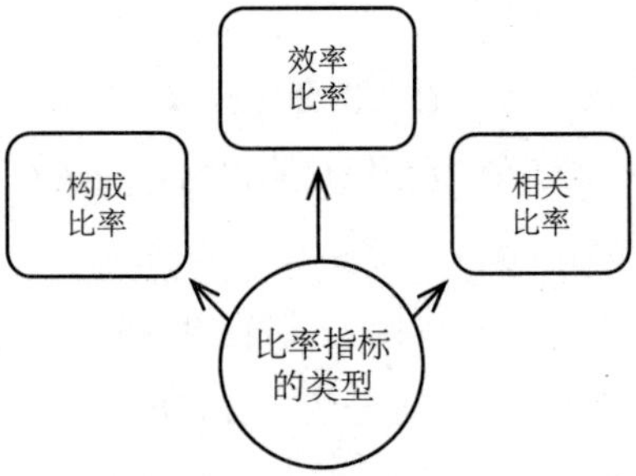

图 10.3.4　比率指标的类型

① 构成比率

构成比率，指的是某项财务指标其各个组成部分与总体数值之间的百分比比例关系。

构成比率反映的是总体与部分之间的关系。如果企业想要知道总体中某一个部分的形成和安排情况，那么可以运用构成比率对该部分进行考察，以便更好地对各项财务活动进行协调。

② 效率比率

效率比率，指的是在企业的某项经济活动中所费与所得之间的比率。

效率比率反映的是投入和产出之间的关系。

通过运用效率比率，可以比较得失，考察企业的经营成果如何，评价企业的经济效益处于何种水平。

③ 相关比率

相关比率，指的是用某个项目和同它相关但不同的项目进行对比以后得到的比率。

相关比率反映的是相关经济活动之间的关联关系。

构成比率	· 反映的是总体和部分之间的关系
效率比率	· 反映的是投入和产出之间的关系
相关比率	· 反映的是相关经济活动之间的关联关系

图 10.3.5　各个比率指标反映的关系

（2）注意事项

企业在采用比率分析法对财务进行分析时，有几个事项需要注意：

① 对比项目之间要相互关联，即不能将计算比率的子项和母项割裂开，二者之间要具有相关性，如果对比的项目没有相关性，那对比将失去意义。

② 对比口径要保持一致，即在进行计算的时候，无论是计算时间还是计算范围，计算比率的子项和母项其口径都需要保持一致。

③ 要选用科学的衡量标准。为了正确评价企业的财务状况，在采用比率分析法进行财务分析的时候需要选用一定的标准和它进行对比。一般来说，预定目标、历史标准、行业标准、公认标准等都是科学合理的对比标准。

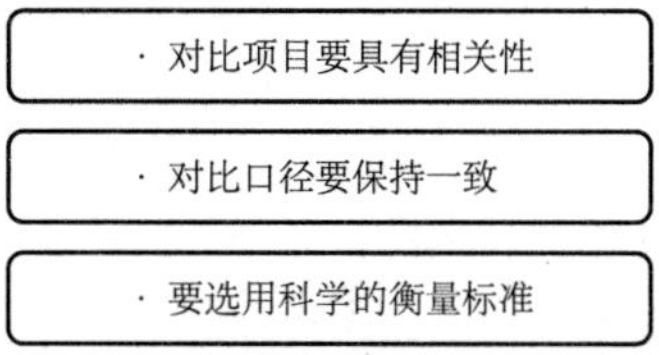

图 10.3.6 注意事项

（3）局限性

在财务分析的方法中，比率分析法的用途最广。尽管如此，比率分析法也有局限性，其局限性主要表现在由于其是静态分析，所以对企业未来经营状况预判的合理性和可靠性不一定正确。因此，企业在运用比率分析法进行财务分析的时候，一定要注意以下几个问题：

① 为了对企业的整体情况做出正确的判断，不能只看某种或各种比率，而是应该联系各种比率进行全面分析。

② 不能只盯着财务报表，要对企业的性质以及实际情况进行审查。

③ 为了保证分析的详尽性，能够对企业的过去、当前以及未来有一个全面了解，实现财务分析的目标，要注意结合差额进行分析。

3. 因素分析法

因素分析法，指的是以分析指标和其影响因素之间的关系为基础，从数量上对分析指标受各因素影响的程度和方向进行确定的一种分析方法。

因素分析法常用的主要方法有两种：一种是连环代替法，另一种是差额分析法。

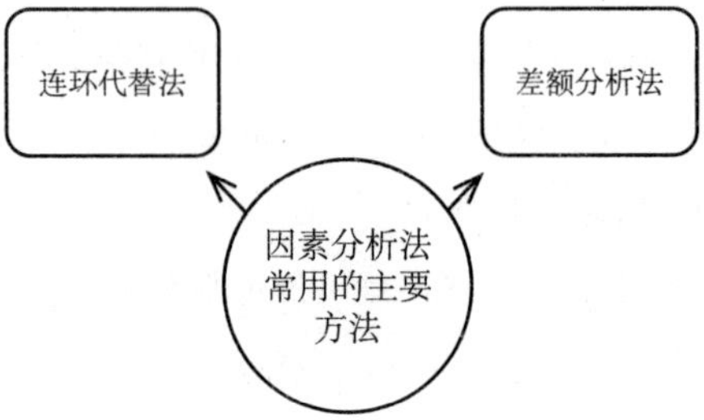

图 10.3.7 因素分析法常用的主要方法

（1）连环代替法

连环代替法，指的是将分析指标量化，即将其分解成多个可以计量的因素，然后以各个因素之间的相互关系为依据，按照顺序依次用各因素的比较值将基准值代替，再以此为依据对各因素会对分析指标产生怎样的影响进行测定的一种方法。一般来说，比较值指的是实际值，基准值指的是标准值或计划值。

假设：分析指标 Y 是由 a、b、c 三个有关联性的因素相乘计算出来的，那么

基期（计划）指数 $Y=a \times b \times c$

实际期（实际）指数 $Y^n=a^n \times b^n \times c^n$

差额 $=Y^n - Y$

在对各因素会对分析指标产生怎样的影响进行测定时，按顺序将影响因素进行替换：

① 在基期水平上，替换 a 因素对 Y 的影响：

基期（计划）指数 $Y1=a^n \times b \times c$

a 因素单独变动得到的影响数：$Ya=Y1 - Y$

② 在 Y1 水平上，替换 b 因素对 Y 的影响：

基期（计划）指数 $Y2=a^n \times b^n \times c$

b 因素单独变动得到的影响数：$Yb=Y2 - Y1$

③ 在 Y2 水平上，替换 c 因素对 Y 的影响：

基期（计划）指数 $Y3=a^n \times b^n \times c^n$

c 因素单独变动得到的影响数：$Yc=Y3 - Y2$

把各因素变动进行综合，计算其对 Y 总额的影响：

差额 = （Y1 − Y） + （Y2 − Y1） + （Y3 − Y2） =Ya + Yb + Yc

由于连环代替法有一定的局限性，所以在运用该方法的时候要注意几项事项：

① 在替换因素的时候，不可以颠倒替换顺序，而是应该以各因素之间的相互关系为依据，按照顺序依次进行替换。

② 进行替换的时候，都是用一个因素的实际值替换该因素的计划值。且除第一次替换以外，其他都是在前一个因素替换的基础上对因素进行替换的。

③ 运用这个方法对某个因素进行影响测定的时候，其前提是假设其他因素是保持不变的。

（2）差额分析法

差额分析法，指的是计算各因素比较值和基准值之间的差额，并以此为依据测定各因素对分析指标的影响的一种方法。

假设：分析指标 X，由 A、B、C 三个有关联性的因素相乘计算出来的，那么

基期（计划）指数 X*=A*×B*×C*

实际期（实际）指数 X1=A1×B1×C1

A 变动对 X 的影响：（A1 − A*） ×B*×C*

B 变动对 X 的影响：A1× （B1 − B*） ×C*

C 变动对 X 的影响：A1×B1× （C1 − C*）

最后，可以将各因素变动进行综合，即将各因素各自的影响数做加法运算，计算对 X 总额的影响，即

差额 =X1 − X*

差额分析法存在极大的局限性，因为它既不能对计算得出的数值大到什么程度或小到什么程度做出解释，也不能对数值应该多大或者多小才能合适做出说明。比如营运资金、流动资产等数值并不是越大越好。因此，为了实现财务分析的目的，企业在进行财务分析的时候，不能只局限于这一个方法，而是应该综合其他分析方法。

不同的财务分析方法对企业产生的作用、效果是不一样的，由于各个财务分析方法都有各自的局限性，企业管理者和财务人员一定要根据企业自身的情况选择恰当的财务分析方法。

附录一：《企业财务通则》

第一章　总　　则

第一条　为了加强企业财务管理，规范企业财务行为，保护企业及其相关方的合法权益，推进现代企业制度建设，根据有关法律、行政法规的规定，制定本通则。

第二条　在中华人民共和国境内依法设立的具备法人资格的国有及国有控股企业适用本通则。金融企业除外。

其他企业参照执行。

第三条　国有及国有控股企业（以下简称企业）应当确定内部财务管理体制，建立健全财务管理制度，控制财务风险。

企业财务管理应当按照制定的财务战略，合理筹集资金，有效营运资产，控制成本费用，规范收益分配及重组清算财务行为，加强财务监督和财务信息管理。

第四条　财政部负责制定企业财务规章制度。

各级财政部门（以下通称主管财政机关）应当加强对企业财务的指导、管理、监督，其主要职责包括：

（一）监督执行企业财务规章制度，按照财务关系指导企业建立健全内部财务制度。

（二）制定促进企业改革发展的财政财务政策，建立健全支持企业发展的财政资金管理制度。

（三）建立健全企业年度财务会计报告审计制度，检查企业财务会计报告质量。

（四）实施企业财务评价，监测企业财务运行状况。

（五）研究、拟订企业国有资本收益分配和国有资本经营预算的制度。

（六）参与审核属于本级人民政府及其有关部门、机构出资的企业重要改革、改制方案。

（七）根据企业财务管理的需要提供必要的帮助、服务。

第五条　各级人民政府及其部门、机构，企业法人、其他组织或者自然人等企业投资者（以下通称投资者），企业经理、厂长或者实际负责经营管理的其他领导成员（以下通称经营者），依照法律、法规、本通则和企业章程的规定，履行企业内部财务管理职责。

第六条　企业应当依法纳税。企业财务处理与税收法律、行政法规规定不一致的，纳税时应当依法进行调整。

第七条　各级人民政府及其部门、机构出资的企业，其财务关系隶属同级财政机关。

第二章　企业财务管理体制

第八条　企业实行资本权属清晰、财务关系明确、符合法人治理结构要求的财务管理体制。

企业应当按照国家有关规定建立有效的内部财务管理级次。企业集团公司自行决定集团内部财务管理体制。

第九条　企业应当建立财务决策制度，明确决策规则、程序、权限和责任等。法律、行政法规规定应当通过职工（代表）大会审议或者听取职工、相关组织意见的财务事项，依照其规定执行。

企业应当建立财务决策回避制度。对投资者、经营者个人与企业利益有冲突的财务决策事项，相关投资者、经营者应当回避。

第十条　企业应当建立财务风险管理制度，明确经营者、投资者及其他相关人员的管理权限和责任，按照风险与收益均衡、不相容职务分离等原则，控制财务风险。

第十一条　企业应当建立财务预算管理制度，以现金流为核心，按照实现企业价值最大化等财务目标的要求，对资金筹集、资产营运、成本控制、收益分配、重组清算等财务活动，实施全面预算管理。

第十二条　投资者的财务管理职责主要包括：

（一）审议批准企业内部财务管理制度、企业财务战略、财务规划和财务预算。

（二）决定企业的筹资、投资、担保、捐赠、重组、经营者报酬、利润分配等重大财务事项。

（三）决定企业聘请或者解聘会计师事务所、资产评估机构等中介机构事项。

（四）对经营者实施财务监督和财务考核。

（五）按照规定向全资或者控股企业委派或者推荐财务总监。

投资者应当通过股东（大）会、董事会或者其他形式的内部机构履行财务管理职责，可以通过企业章程、内部制度、合同约定等方式将部分财务管理职责授予经营者。

第十三条　经营者的财务管理职责主要包括：

（一）拟订企业内部财务管理制度、财务战略、财务规划，编制财务预算。

（二）组织实施企业筹资、投资、担保、捐赠、重组和利润分配等财务方案，诚信履行企业偿债义务。

(三) 执行国家有关职工劳动报酬和劳动保护的规定，依法缴纳社会保险费、住房公积金等，保障职工合法权益。

(四) 组织财务预测和财务分析，实施财务控制。

(五) 编制并提供企业财务会计报告，如实反映财务信息和有关情况。

(六) 配合有关机构依法进行审计、评估、财务监督等工作。

第三章　资金筹集

第十四条　企业可以接受投资者以货币资金、实物、无形资产、股权、特定债权等形式的出资。其中，特定债权是指企业依法发行的可转换债券、符合有关规定转作股权的债权等。

企业接受投资者非货币资产出资时，法律、行政法规对出资形式、程序和评估作价等有规定的，依照其规定执行。

企业接受投资者商标权、著作权、专利权及其他专有技术等无形资产出资的，应当符合法律、行政法规规定的比例。

第十五条　企业依法以吸收直接投资、发行股份等方式筹集权益资金的，应当拟订筹资方案，确定筹资规模，履行内部决策程序和必要的报批手续，控制筹资成本。

企业筹集的实收资本，应当依法委托法定验资机构验资并出具验资报告。

第十六条　企业应当执行国家有关资本管理制度，在获准工商登记后30日内，依据验资报告等向投资者出具出资证明书，确定投资者的合法权益。

企业筹集的实收资本，在持续经营期间可以由投资者依照法律、行政法规以及企业章程的规定转让或者减少，投资者不得抽逃或者变相抽回出资。

除《公司法》等有关法律、行政法规另有规定外，企业不得回购本企业发行的股份。企业依法回购股份，应当符合有关条件和财务处理办法，并经投资者决议。

第十七条　对投资者实际缴付的出资超出注册资本的差额（包括股票溢价），企业应当作为资本公积管理。

经投资者审议决定后，资本公积用于转增资本。国家另有规定的，从其规定。

第十八条　企业从税后利润中提取的盈余公积包括法定公积金和任意公积金，可以用于弥补企业亏损或者转增资本。法定公积金转增资本后留存企业的部分，以不少于转增前注册资本的25%为限。

第十九条　企业增加实收资本或者以资本公积、盈余公积转增实收资本，由投资者履行财务决策程序后，办理相关财务事项和工商变更登记。

第二十条　企业取得的各类财政资金，区分以下情况处理：

（一）属于国家直接投资、资本注入的，按照国家有关规定增加国家资本或者国有资本公积。

（二）属于投资补助的，增加资本公积或者实收资本。国家拨款时对权属有规定的，按规定执行；没有规定的，由全体投资者共同享有。

（三）属于贷款贴息、专项经费补助的，作为企业收益处理。

（四）属于政府转贷、偿还性资助的，作为企业负债管理。

（五）属于弥补亏损、救助损失或者其他用途的，作为企业收益处理。

第二十一条　企业依法以借款、发行债券、融资租赁等方式筹集债务资金的，应当明确筹资目的，根据资金成本、债务风险和合理的资金需求，进行必要的资本结构决策，并签订书面合同。

企业筹集资金用于固定资产投资项目的，应当遵守国家产业政策、行业规划、自有资本比例及其他规定。

企业筹集资金，应当按规定核算和使用，并诚信履行合同，依法接受监督。

第四章　资产营运

第二十二条　企业应当根据风险与收益均衡等原则和经营需要,确定合理的资产结构,并实施资产结构动态管理。

第二十三条　企业应当建立内部资金调度控制制度，明确资金调度的条件、权限和程序，统一筹集、使用和管理资金。企业支付、调度资金，应当按照内部财务管理制度的规定，依据有效合同、合法凭证，办理相关手续。

企业向境外支付、调度资金应当符合国家有关外汇管理的规定。

企业集团可以实行内部资金集中统一管理，但应当符合国家有关金融管理等法律、行政法规规定，并不得损害成员企业的利益。

第二十四条　企业应当建立合同的财务审核制度，明确业务流程和审批权限，实行财务监控。

企业应当加强应收款项的管理，评估客户信用风险，跟踪客户履约情况，落实收账责任，减少坏账损失。

第二十五条　企业应当建立健全存货管理制度，规范存货采购审批、执行程序，根据合同的约定以及内部审批制度支付货款。

企业选择供货商以及实施大宗采购，可以采取招标等方式进行。

第二十六条　企业应当建立固定资产购建、使用、处置制度。

企业自行选择、确定固定资产折旧办法，可以征询中介机构、有关专家的意见，并由投资者审议批准。固定资产折旧办法一经选用，不得随意变更。确需变更的，应当说明理由，经投资者审议批准。

企业购建重要的固定资产、进行重大技术改造，应当经过可行性研究，按照内部审批制度履行财务决策程序，落实决策和执行责任。

企业在建工程项目交付使用后，应当在一个年度内办理竣工决算。

第二十七条　企业对外投资应当遵守法律、行政法规和国家有关政策的规定，符合企业发展战略的要求，进行可行性研究，按照内部审批制度履行批准程序，落实决策和执行的责任。

企业对外投资应当签订书面合同，明确企业投资权益，实施财务监管。依据合同支付投资款项，应当按照企业内部审批制度执行。

企业向境外投资的，还应当经投资者审议批准，并遵守国家境外投资项目核准和外汇管理等相关规定。

第二十八条　企业通过自创、购买、接受投资等方式取得的无形资产，应当依法明确权属，落实有关经营、管理的财务责任。

无形资产出现转让、租赁、质押、授权经营、连锁经营、对外投资等情形时，企业应当签订书面合同，明确双方的权利义务，合理确定交易价格。

第二十九条　企业对外担保应当符合法律、行政法规及有关规定，根据被担保单位的资信及偿债能力，按照内部审批制度采取相应的风险控制措施，并设立备查账簿登记，实行跟踪监督。

企业对外捐赠应当符合法律、行政法规及有关财务规定，制定实施方案，明确捐赠的范围和条件，落实执行责任，严格办理捐赠资产的交接手续。

第三十条　企业从事期货、期权、证券、外汇交易等业务或者委托其他机构理财，不得影响主营业务的正常开展，并应当签订书面合同，建立交易报告制度，定期对账，控制风险。

第三十一条　企业从事代理业务，应当严格履行合同，实行代理业务与自营业务分账管理，不得挪用客户资金、互相转嫁经营风险。

第三十二条　企业应当建立各项资产损失或者减值准备管理制度。各项资产损失或者减值准备的计提标准，一经选用，不得随意变更。企业在制订计提标准时可以征询中介机构、有关专家的意见。

对计提损失或者减值准备后的资产，企业应当落实监管责任。能够收回或者继续使用以及没有证据证明实际损失的资产，不得核销。

第三十三条　企业发生的资产损失，应当及时予以核实、查清责任，追偿损失，按照规定程序处理。

企业重组中清查出的资产损失，经批准后依次冲减未分配利润、盈余公积、资本公积和实收资本。

第三十四条　企业以出售、抵押、置换、报废等方式处理资产时，应当按照国家有关规定和企业内部财务管理制度规定的权限和程序进行。其中，处理主要固定资产涉及企业经营业务调整或者资产重组的，应当根据投资者审议通过的业务调整或者资产重组方案实施。

第三十五条　企业发生关联交易的，应当遵守国家有关规定，按照独立企业之间的交易计价结算。投资者或者经营者不得利用关联交易非法转移企业经济利益或者操纵关联企业的利润。

第五章 成本控制

第三十六条 企业应当建立成本控制系统，强化成本预算约束，推行质量成本控制办法，实行成本定额管理、全员管理和全过程控制。

第三十七条 企业实行费用归口、分级管理和预算控制，应当建立必要的费用开支范围、标准和报销审批制度。

第三十八条 企业技术研发和科技成果转化项目所需经费，可以通过建立研发准备金筹措，据实列入相关资产成本或者当期费用。

符合国家规定条件的企业集团，可以集中使用研发费用，用于企业主导产品和核心技术的自主研发。

第三十九条 企业依法实施安全生产、清洁生产、污染治理、地质灾害防治、生态恢复和环境保护等所需经费，按照国家有关标准列入相关资产成本或者当期费用。

第四十条 企业发生销售折扣、折让以及支付必要的佣金、回扣、手续费、劳务费、提成、返利、进场费、业务奖励等支出的，应当签订相关合同，履行内部审批手续。

企业开展进出口业务收取或者支付的佣金、保险费、运费，按照合同规定的价格条件处理。

企业向个人以及非经营单位支付费用的，应当严格履行内部审批及支付的手续。

第四十一条 企业可以根据法律、法规和国家有关规定，对经营者和核心技术人员实行与其他职工不同的薪酬办法，属于本级人民政府及其部门、机构出资的企业，应当将薪酬办法报主管财政机关备案。

第四十二条 企业应当按照劳动合同及国家有关规定支付职工报酬，并为从事高危作业的职工缴纳团体人身意外伤害保险费，所需费用直接作为成本（费用）列支。

经营者可以在工资计划中安排一定数额，对企业技术研发、降低能源消耗、治理“三废”、促进安全生产、开拓市场等作出突出贡献的职工给予奖励。

第四十三条 企业应当依法为职工支付基本医疗、基本养老、失业、工伤等社会保险费，所需费用直接作为成本（费用）列支。

已参加基本医疗、基本养老保险的企业，具有持续盈利能力和支付能力的，可以为职工建立补充医疗保险和补充养老保险，所需费用按照省级以上人民政府规定的比例从成本（费用）中提取。超出规定比例的部分，由职工个人负担。

第四十四条 企业为职工缴纳住房公积金以及职工住房货币化分配的财务处理，按照国家有关规定执行。

职工教育经费按照国家规定的比例提取，专项用于企业职工后续职业教育和职业培训。

工会经费按照国家规定比例提取并拨缴工会。

第四十五条 企业应当依法缴纳行政事业性收费、政府性基金以及使用或者占用国有资源的费用等。

企业对没有法律法规依据或者超过法律法规规定范围和标准的各种摊派、收费、集资，有权拒绝。

第四十六条 企业不得承担属于个人的下列支出：

（一）娱乐、健身、旅游、招待、购物、馈赠等支出。

（二）购买商业保险、证券、股权、收藏品等支出。

（三）个人行为导致的罚款、赔偿等支出。

（四）购买住房、支付物业管理费等支出。

（五）应由个人承担的其他支出。

第六章　收益分配

第四十七条　投资者、经营者及其他职工履行本企业职务或者以企业名义开展业务所得的收入，包括销售收入以及对方给予的销售折扣、折让、佣金、回扣、手续费、劳务费、提成、返利、进场费、业务奖励等收入，全部属于企业。

企业应当建立销售价格管理制度，明确产品或者劳务的定价和销售价格调整的权限、程序与方法，根据预期收益、资金周转、市场竞争、法律规范约束等要求，采取相应的价格策略，防范销售风险。

第四十八条　企业出售股权投资，应当按照规定的程序和方式进行。股权投资出售底价，参照资产评估结果确定，并按照合同约定收取所得价款。在履行交割时，对尚未收款部分的股权投资，应当按照合同的约定结算，取得受让方提供的有效担保。

上市公司国有股减持所得收益，按照国务院的规定处理。

第四十九条　企业发生的年度经营亏损，依照税法的规定弥补。税法规定年限内的税前利润不足弥补的，用以后年度的税后利润弥补，或者经投资者审议后用盈余公积弥补。

第五十条　企业年度净利润，除法律、行政法规另有规定外，按照以下顺序分配：

（一）弥补以前年度亏损。

（二）提取10%法定公积金。法定公积金累计额达到注册资本50%以后，可以不再提取。

（三）提取任意公积金。任意公积金提取比例由投资者决议。

（四）向投资者分配利润。企业以前年度未分配的利润，并入本年度利润，在充分考虑现金流量状况后，向投资者分配。属于各级人民政府及其部门、机构出资的企业，应当将应付国有利润上缴财政。

国有企业可以将任意公积金与法定公积金合并提取。股份有限公司依法回购后暂未转让或者注销的股份，不得参与利润分配；以回购股份对经营者及其他职工实施股权激励的，在拟订利润分配方案时，应当预留回购股份所需利润。

第五十一条　企业弥补以前年度亏损和提取盈余公积后，当年没有可供分配的利润时，不得向投资者分配利润，但法律、行政法规另有规定的除外。

第五十二条　企业经营者和其他职工以管理、技术等要素参与企业收益分配的，应当按照国家有关规定在企业章程或者有关合同中对分配办法作出规定，并区别以下情况处理：

（一）取得企业股权的，与其他投资者一同进行企业利润分配。

（二）没有取得企业股权的，在相关业务实现的利润限额和分配标准内，从当期费用中列支。

第七章　重组清算

第五十三条　企业通过改制、产权转让、合并、分立、托管等方式实施重组，对涉及资本权益的事项，应当由投资者或者授权机构进行可行性研究，履行内部财务决策程序，并组织开展以下工作：

（一）清查财产，核实债务，委托会计师事务所审计。

（二）制订职工安置方案，听取重组企业的职工、职工代表大会的意见或者提交职工代表大会审议。

（三）与债权人协商，制订债务处置或者承继方案。

（四）委托评估机构进行资产评估，并以评估价值作为净资产作价或者折股的参考依据。

（五）拟订股权设置方案和资本重组实施方案，经过审议后履行报批手续。

第五十四条　企业采取分立方式进行重组，应当明晰分立后的企业产权关系。

企业划分各项资产、债务以及经营业务，应当按照业务相关性或者资产相关性原则制订分割方案。对不能分割的整体资产，在评估机构评估价值的基础上，经分立各方协商，由拥有整体资产的一方给予他方适当经济补偿。

第五十五条　企业可以采取新设或者吸收方式进行合并重组。企业合并前的各项资产、债务以及经营业务，由合并后的企业承继，并应当明确合并后企业的产权关系以及各投资者的出资比例。

企业合并的资产税收处理应当符合国家有关税法的规定，合并后净资产超出注册资本的部分，作为资本公积；少于注册资本的部分，应当变更注册资本或者由投资者补足出资。

对资不抵债的企业以承担债务方式合并的，合并方应当制定企业重整措施，按照合并方案履行偿还债务责任，整合财务资源。

第五十六条　企业实行托管经营，应当由投资者决定，并签订托管协议，明确托管经营的资产负债状况、托管经营目标、托管资产处置权限以及收益分配办法等，并落实财务监管措施。

受托企业应当根据托管协议制订相关方案，重组托管企业的资产与债务。未经托管企业投资者同意，不得改组、改制托管企业，不得转让托管企业及转移托管资产、经营业务，不得以托管企业名义或者以托管资产对外担保。

第五十七条 企业进行重组时，对已占用的国有划拨土地应当按照有关规定进行评估，履行相关手续，并区别以下情况处理：

（一）继续采取划拨方式的，可以不纳入企业资产管理，但企业应当明确划拨土地使用权权益，并按规定用途使用，设立备查账簿登记。国家另有规定的除外。

（二）采取作价入股方式的，将应缴纳的土地出让金转作国家资本，形成的国有股权由企业重组前的国有资本持有单位或者主管财政机关确认的单位持有。

（三）采取出让方式的，由企业购买土地使用权，支付出让费用。

（四）采取租赁方式的，由企业租赁使用，租金水平参照银行同期贷款利率确定，并在租赁合同中约定。

企业进行重组时，对已占用的水域、探矿权、采矿权、特许经营权等国有资源，依法可以转让的，比照前款处理。

第五十八条 企业重组过程中，对拖欠职工的工资和医疗、伤残补助、抚恤费用以及欠缴的基本社会保险费、住房公积金，应当以企业现有资产优先清偿。

第五十九条 企业被责令关闭、依法破产、经营期限届满而终止经营的，或者经投资者决议解散的，应当按照法律、法规和企业章程的规定实施清算。清算财产变卖底价，参照资产评估结果确定。国家另有规定的，从其规定。

企业清算结束，应当编制清算报告，委托会计师事务所审计，报投资者或者人民法院确认后，向相关部门、债权人以及其他的利益相关人通告。其中，属于各级人民政府及其部门、机构出资的企业，其清算报告应当报送主管财政机关。

第六十条 企业解除职工劳动关系，按照国家有关规定支付的经济补偿金或者安置费，除正常经营期间发生的列入当期费用以外，应当区别以下情况处理：

（一）企业重组中发生的，依次从未分配利润、盈余公积、资本公积、实收资本中支付。

（二）企业清算时发生的，以企业扣除清算费用后的清算财产优先清偿。

第八章 信息管理

第六十一条 企业可以结合经营特点，优化业务流程，建立财务和业务一体化的信息处理系统，逐步实现财务、业务相关信息一次性处理和实时共享。

第六十二条 企业应当逐步创造条件，实行统筹企业资源计划，全面整合和规范财务、业务流程，对企业物流、资金流、信息流进行一体化管理和集成运作。

第六十三条 企业应当建立财务预警机制，自行确定财务危机警戒标准，重点监测经营性净现金流量与到期债务、企业资产与负债的适配性，及时沟通企业有关财务危机预警的信息，提出解决财务危机的措施和方案。

第六十四条 企业应当按照有关法律、行政法规和国家统一的会计制度的规定，按时编制财务会计报告，经营者或者投资者不得拖延、阻挠。

第六十五条 企业应当按照规定向主管财政机关报送月份、季度、年度财务会计报告等材料，不得在报送的财务会计报告等材料上作虚假记载或者隐瞒重要事实。主管财政机关应当根据企业的需要提供必要的培训和技术支持。

企业对外提供的年度财务会计报告，应当依法经过会计师事务所审计。国家另有规定的，从其规定。

第六十六条 企业应当在年度内定期向职工公开以下信息：

（一）职工劳动报酬、养老、医疗、工伤、住房、培训、休假等信息。

（二）经营者报酬实施方案。

（三）年度财务会计报告审计情况。

（四）企业重组涉及的资产评估及处置情况。

（五）其他依法应当公开的信息。

第六十七条 主管财政机关应当建立健全企业财务评价体系，主要评估企业内部财务控制的有效性，评价企业的偿债能力、盈利能力、资产营运能力、发展能力和社会贡献。评估和评价的结果可以通过适当方式向社会发布。

第六十八条 主管财政机关及其工作人员应当恰当使用所掌握的企业财务信息，并依法履行保密义务，不得利用企业的财务信息谋取私利或者损害企业利益。

第九章 财务监督

第六十九条 企业应当依法接受主管财政机关的财务监督和国家审计机关的财务审计。

第七十条 经营者在经营过程中违反本通则有关规定的，投资者可以依法追究经营者的责任。

第七十一条 企业应当建立、健全内部财务监督制度。

企业设立监事会或者监事人员的，监事会或者监事人员依照法律、行政法规、本通则和企业章程的规定，履行企业内部财务监督职责。

经营者应当实施内部财务控制，配合投资者或者企业监事会以及中介机构的检查、审计工作。

第七十二条 企业和企业负有直接责任的主管人员和其他人员有以下行为之一的，县级以上主管财政机关可以责令限期改正、予以警告，有违法所得的，没收违法所得，并可以处以不超过违法所得3倍、但最高不超过3万元的罚款；没有违法所得的，可以处以1万元以下的罚款。

（一）违反本通则第三十九条、四十条、四十二条第一款、四十三条、四十六条规定列支成本费用的。

（二）违反本通则第四十七条第一款规定截留、隐瞒、侵占企业收入的。

（三）违反本通则第五十条、五十一条、五十二条规定进行利润分配的。但依照《公司法》设立的企业不按本通则第五十条第一款第二项规定提取法定公积金的，依照《公司法》的规定予以处罚。

（四）违反本通则第五十七条规定处理国有资源的。

（五）不按本通则第五十八条规定清偿职工债务的。

第七十三条 企业和企业负有直接责任的主管人员和其他人员有以下行为之一的，县级以上主管财政机关可以责令限期改正、予以警告。

（一）未按本通则规定建立健全各项内部财务管理制度的。

（二）内部财务管理制度明显与法律、行政法规和通用的企业财务规章制度相抵触，且不按主管财政机关要求修正的。

第七十四条 企业和企业负有直接责任的主管人员和其他人员不按本通则第六十四条、

第六十五条规定编制、报送财务会计报告等材料的，县级以上主管财政机关可以依照《公司法》《企业财务会计报告条例》的规定予以处罚。

第七十五条 企业在财务活动中违反财政、税收等法律、行政法规的，依照《财政违法行为处罚处分条例》（国务院令第427号）及有关税收法律、行政法规的规定予以处理、处罚。

第七十六条 主管财政机关以及政府其他部门、机构有关工作人员，在企业财务管理中滥用职权、玩忽职守、徇私舞弊或者泄露国家机密、企业商业秘密的，依法进行处理。

第十章　附　　则

第七十七条　实行企业化管理的事业单位比照适用本通则。

第七十八条　本通则自 2007 年 1 月 1 日起施行。

附录二：《金融企业财务规则》

第一章　总　则

第一条　为了加强金融企业财务管理，规范金融企业财务行为，促进金融企业法人治理结构的建立和完善，防范金融企业财务风险，保护金融企业及其相关方合法权益，维护社会经济秩序，根据有关法律、行政法规和国务院相关规定，制定本规则。

第二条　在中华人民共和国境内依法设立的国有及国有控股金融企业、金融控股公司、担保公司，城市商业银行、农村商业银行、农村合作银行、信用社（以下简称金融企业）适用本规则。

其他金融企业参照本规则执行。

第三条　金融企业应当根据本规则的规定，以及自身发展的需要，建立健全内部财务管理制度，设置财务管理职能部门，配备专业财务管理人员，综合运用规划、预测、计划、预算、控制、监督、考核、评价和分析等方法，筹集资金，营运资产，控制成本，分配收益，配置资源，反映经营状况，防范和化解财务风险，实现持续经营和价值最大化。

第四条　各级人民政府财政部门（以下简称财政部门）依法指导、管理和监督本级金融企业的财务管理工作。

省级以上人民政府财政部门的派出机构，应当在规定职责范围内依法履行指导、管理和监督金融企业财务管理工作的职责。

金融企业在完成工商登记后30日内，应当向同级财政部门提交设立批准证书、营业执照、验资证明、章程等文件的复印件。

金融企业发生分立、合并、设立分支机构，以及主要工商登记事项发生变更时，在依法完成工商变更登记后30日内，应当向同级财政部门提交有关的变更文件复印件。

第五条　金融企业应当依法纳税。金融企业财务处理与税收法律、行政法规规定不一致的，纳税时应当依法进行调整。

第二章 职责、职权

第六条 财政部门履行下列财务管理职责：

（一）监督金融企业执行本规则以及其他的财务管理规定，指导、督促金融企业建立健全内部财务管理制度；

（二）指导、督促金融企业建立健全财务风险控制体系，监测金融企业财务风险及其营运状况，监督金融企业的财务行为；

（三）加强金融企业财务信息管理，实施金融企业财务评价；

（四）监督金融企业接受社会审计和资产评估；

（五）制定并实施促进金融企业改革和发展的财政、财务政策，组织金融企业财务管理人员的业务培训；

（六）有关法律、行政法规规定的其他财务管理职责。

第七条 金融企业的投资者（以下简称投资者）一般通过股东（大）会、董事会或者其他形式的治理机构行使下列财务管理职权：

（一）执行并督促经营者执行国家有关金融企业财务管理的规定；

（二）决定内部财务管理制度，明确经营者的财务管理权限；

（三）决定财务管理职能部门的设置；

（四）决定财务计划和财务预算，决定筹资、投资、处置重大资产、依法提供除主营担保业务范围以外的担保、捐赠、重组、经营者报酬、利润分配等重大财务事项；

（五）对经营者实施财务监督和财务考核，决定聘任或者解聘财务负责人；

（六）决定聘用或者解聘承办社会审计和资产评估等业务的社会中介机构；

（七）按照章程的规定，行使其他财务管理职权。

投资者可以通过制度规范、章程约定等方式，将投资者财务管理职权全部或者部分授予经营者。

金融企业按规定可以向其控股的企业委派或者推荐财务总监。

第八条 金融企业的经营者（以下简称经营者）按照规定行使下列财务管理职权：

（一）执行国家有关金融企业财务管理的规定；

（二）拟订内部财务管理制度，经投资者议定后报同级财政部门备案，并具体组织实施；

（三）组织财务预测，编制财务计划和财务预算草案，实施财务控制、分析和考核；

（四）组织实施筹资、投资、处置重大资产、担保、捐赠、重组和利润分配等财务管理方案；

（五）组织财务事项审批；

（六）组织缴纳税金、规费；

（七）执行国家有关职工劳动报酬和劳动保护的规定，依法缴纳社会保险费、住房公积金等，保障职工合法权益；

（八）归集财务信息，依法组织编制和报送财务会计报告；

（九）提请聘任或者解聘财务负责人；

（十）配合有关机构依法实施的审计、评估和监督检查；

（十一）按照章程的规定，以及股东（大）会或者董事会的要求，行使其他财务管理职权。

第三章 财务风险

第九条 金融企业应当根据本规则的规定，以及内部财务管理制度的要求，建立健全包括识别、计量、监测和控制等内容的财务风险控制体系，明确财务风险管理的权限、程序、应急方案和具体措施，以及财务风险形成当事人应承担的责任，防范和化解财务风险。

第十条 金融企业应当建立规范有效的资本补充机制，保持业务规模与资本规模相适应，在资本充足率、偿付能力等方面满足有关法律、法规的要求。

从事商业银行业务的金融企业，资本充足率不得低于8%，核心资本充足率不得低于4%；从事保险业务的金融企业，偿付能力充足率不得低于规定的数额；从事证券业务的金融企业，净资本负债率应满足规定的数额要求。

第十一条 金融企业应当按照保障相关各方利益、保证支付能力、实现持续经营的原则，根据有关法律、法规的规定，控制资产负债比例，足额提留用于清偿债务的资金。

从事银行业务的金融企业，应按规定交存存款准备金，留足备付金；从事保险业务的金融企业，应按注册资本的20%提取资本保证金，存入指定银行，除清算时用于清偿债务外，不得动用；从事证券业务的金融企业，负债与净资产的比例应满足规定的数额要求。

第十二条 金融企业应当定期或者至少于每年年终对各类资产进行评价，并逐步实现动态评价，按照规定进行风险分类，对可收回金额低于账面价值的部分，按照国家有关规定计提资产减值准备。

金融企业对计提减值准备的资产，应当落实监管责任。对能够收回或者继续使用的，应当收回或者使用；对已经损失的，应当按照规定的程序核销；对已经核销的，应当实行账销案存管理。

第十三条 金融企业应当及时分析市场利率、汇率波动情况，预计可能发生的风险，并按照规定的程序，运用金融衍生工具，减少利率、汇率风险损失。

第十四条 金融企业发生关联交易，必须履行规定的程序，并按照规定控制总量和规模，遵循公开、公平、公正的原则，确定并及时结算资源、劳务或者义务的价款，不得利用关联交易操纵利润、逃避税收。

第十五条 金融企业委托其他机构理财或者从事其他业务，应当进行风险评估，依法签订书面合同，明确业务授权和具体操作程序，定期对账，制定风险防范的具体措施。

金融企业委托其他机构理财或者从事其他业务，投入的资金不得影响主营业务的开展，取得的收入应当纳入账内核算。

第十六条 金融企业依法受托发放贷款、经营衍生产品、进行证券期货交易、买卖黄金、管理资产以及开展其他业务，应当与自营业务分开管理，按照合同约定分配收益、承担责任，不得挪用客户资金，不得转嫁经营风险。

第十七条 金融企业对外提供担保应当符合法律、行政法规的规定，根据被担保对象的资信及偿债能力，采取相应的风险控制措施，并设立备查账簿登记，及时跟踪监督。

金融企业提供除主营担保业务范围以外的担保，应当由股东（大）会或者董事会决议；为金融企业投资者或者实际控制人提供担保的，应当由股东（大）会决议。

第十八条 金融企业应当根据资本规模控制表外业务总量。

金融企业应当按照风险程度对表外业务进行授权，并严格按照授权执行，禁止违规操作。

金融企业应当及时、完整记录所有表外业务，跟踪检查表外业务变动情况，预计可能发生的损失，并按照有关规定进行披露。

第十九条 金融企业设立分支机构，应当按照规定拨付与分支机构经营规模相适应的营运资金，并不得超过规定的限额。

金融企业应当对分支机构实行统一核算，统一调度资金，分级管理的财务管理制度。条件具备的，可以实行统一核算，统一调度资金，业务单元制管理的财务管理制度。

金融企业应当加强对分支机构的财务监管，关注资金异常变动，监督并跟踪分析分支机构财务指标的情况，督促境外分支机构遵守所在国家（地区）关于金融企业财务管理的规定。

第四章　资金筹集

第二十条　金融企业筹集资本金，应当符合国家有关资本金管理的规定，根据发展战略和经营规划拟定筹资方案，履行规定的程序。

金融企业在国家法律、行政法规允许的范围内，可以接受货币出资，也可以接受实物、知识产权、土地使用权等可以用货币估价并可以依法转让的非货币财产出资，或者采取发行股票等方式筹集资本金。

金融企业接受非货币财产出资，应当进行评估作价，核实财产，按照评估确认或者合同约定的价值计价；采取发行股票方式筹集的资本金，按照股票面值计价。

金融企业筹集资本金，应当聘请会计师事务所验资。办理工商登记后，应当向投资者出具出资证明书。

第二十一条　金融企业筹集的资本金，在持续经营期间，投资者除依法进行转让外，不得以任何方式抽走。

金融企业在筹集资本金活动中，投资者缴付的出资额超出资本金的差额（包括发行股票的溢价净收入），计入资本公积。

经投资者决议后，资本公积用于转增资本金。

第二十二条　金融企业以借款、吸收存款、发行债券、融资租赁、向人民银行再贷款等方式筹集资金，应当符合国家有关规定，明确筹资目的，考虑资金需求和债务风险，签订书面合同，不得擅自提高或者变相提高利率以及付费标准，并应适时合理调整负债结构，降低筹资成本。

第二十三条　金融企业取得国家投资、财政补助等财政资金，区分以下情况处理：

（一）属于国家直接投资的，按照国家有关规定增加国家资本金或者资本公积；

（二）属于投资补助的，增加资本公积或者资本金。国家拨款时对权属有规定的，按规定执行。没有规定的，由全体投资者共同享有；

（三）属于贷款贴息、专项经费补助的，作为收益处理；

（四）属于弥补亏损、救助损失或者其他用途的，作为收益处理；

（五）属于政府转贷、偿还性资助的，作为负债管理。

第五章　资产营运

第二十四条　金融企业应当统一管理资金账户，明确资金调度的条件、权限和程序。调度资金应当按照内部财务管理制度，依据有效合同和合法凭证办理手续，不得私存私放资金。

向境外调度资金必须符合国家外汇管理的有关规定，并履行相应的审批程序。

第二十五条　金融企业管理库存现金、库存金银、存放中央银行与同业的款项，以及其他形式的现金资产，应当满足流动性要求，并控制现金资产总量。

第二十六条　金融企业应当按照内部财务管理制度对合同进行财务审核，跟踪履约情况，明确债权，制定收账政策，及时清收应收款项。

第二十七条　金融企业在法律、法规允许的范围内，经股东（大）会或者董事会决议，可以用货币对外投资，也可以用实物、知识产权、土地使用权等可以用货币估价并可以依法转让的非货币财产对外投资，但不得以国家授予的特许经营权对外投资。

用非货币财产对外投资的，应当聘请资产评估机构进行评估并按评估确认后的价值计价。

对外投资应当签订书面合同，明确投资权益，按照内部财务管理制度规定的程序支付投资款项，所需资金纳入财务预算管理，不得在成本费用或者营业外支出中列支，并及时监控和考核投资项目的效益，落实项目决策者和实施者的责任。

向境外投资的，应当符合国家境外投资项目核准和外汇管理等相关规定。

第二十八条　金融企业收取、保管和处置抵债资产，应当按照内部财务管理制度规定的工作程序办理。

收取抵债资产应当按照规定确定接收价格，核实产权。

保管抵债资产应当按照安全、完整、有效的原则，及时进行账务处理，定期检查、账实核对。

处置抵债资产应当按照公开、透明的原则，聘请资产评估机构评估作价。一般采用公开拍卖的方式进行处置。采用其他方式的，应当引入竞争机制选择抵债资产买受人。

抵债资产不得转为自用。因客观条件需要转为自用的，应当履行规定的程序后，纳入相应的资产进行管理。

第二十九条 金融企业应当按照内部财务管理制度规定，定期清查核实各类固定资产，落实使用和管理责任。

购建重要固定资产、实施重大技术改造，应当进行可行性论证，并落实决策和执行责任。

固定资产折旧可以依据产业发展态势和技术进步的要求，结合固定资产经济寿命及其使用状况，确定折旧年限，选用折旧方法，按季（月）计提。固定资产折旧政策一经选用，一般不得变更，确需变更的，应当经股东（大）会或者董事会决议后执行。有关法律、行政法规规定必须披露变更理由的，应当及时披露。

已交付使用而未办理竣工决算的在建工程项目，应当比照固定资产进行管理。

金融企业固定资产账面价值和在建工程账面价值之和占净资产的比重，从事银行业务的最高不得超过 40%，从事保险及其他非银行业务的最高不得超过 50%。国家另有规定的，从其规定。

第三十条 金融企业通过自创、购买、接受投资等方式取得的商标权、著作权、专利权及专有技术等无形资产，应当依法明确权属，落实经营和管理责任。

变更无形资产权属时应当进行评估，并签订书面合同。

第三十一条 金融企业发生的资产损失，包括信贷资产损失、坏账损失、投资损失、固定资产及在建工程损失等，应当及时核实，查清责任，追偿损失，并按照国家有关规定进行处理。

金融企业以出售、出租、抵押、置换、报废等方式处置资产，应当根据有关法律、法规的规定，履行相应程序。

处置主营业务所用资产，涉及业务调整或者资产重组的，应当根据发展战略和经营规划，制订业务调整或者资产重组方案，履行规定的程序后执行。

金融企业对外捐赠应当符合有关法律、法规的规定，明确捐赠的范围和条件，落实执行责任，严格办理捐赠资产的交接手续。

第六章 成本、费用

第三十二条 金融企业应当结合自身特点，按照内部财务管理制度，强化成本费用预算约束，实行成本费用全员管理和全过程控制。

金融企业的成本费用支出应当按照国家规定纳入账内核算，不得违反规定进行调整。

第三十三条 金融企业在经营过程中发生的与经营有关的支出，包括各项利息支出（含贴息）扣除允许资本化的部分、手续费支出、佣金支出、业务给付支出、业务赔款支出、保护（保障、保险）基金支出、应计入损益的各种准备金和其他有关支出，应当按照国家有关规定计入当期损益。

第三十四条 金融企业的成本核算，应当严格区分本期成本与下期成本的界限、成本支出与营业外支出的界限、收益性支出与资本性支出的界限。

金融企业的成本核算，应当以季（月）、年为计算期。同一计算期内，核算成本和营业收入的起止日期、计算范围和口径应当一致。

第三十五条 金融企业应当注重费用支出与经济效益的配比，实行费用支出的归口、分级管理和预算控制，确定必要的费用支出范围、标准和报销审批程序。

除国家规定的专用账户外，金融企业每一独立核算单位分币种只能设立一个费用存款专户，除税金及附加、折旧、资产摊销、准备金和坏账损失以外的各项费用，应当从费用专户中开支。

金融企业应当强化费用支出约束，对业务宣传费、业务招待费、差旅费、会议费、通讯费、维修费、出国经费、董事会经费、捐赠等实行重点监控。

金融企业的业务宣传费、委托代办手续费、防预费、业务招待费一律按规定据实列支，不得预提。

第三十六条 金融企业技术研发和实施科技成果产业化所需经费应当纳入财务预算，形成的资产应当纳入相应的资产进行管理。

第三十七条 金融企业应当按照国家有关规定，以及与职工签订的劳动合同，核定和计发职工薪酬。

金融企业根据有关法律、法规和政策的规定，经股东（大）会或者董事会决议，可以对经营者、核心技术人员和核心管理人员实行与其他职工不同的薪酬办法。

金融企业经股东（大）会或者董事会决议，可以在工资计划中安排一定数额，对研发核心技术、促进安全营运、开拓市场等作出突出贡献的职工给予奖励。

第三十八条 金融企业根据有关法律、法规和政策的规定，为职工缴纳的基本医疗保险、基本养老保险、失业保险和工伤保险等社会保险费用，应当据实列入成本（费用）。

参加基本医疗保险、基本养老保险且按时足额缴费的金融企业，具有持续盈利能力和支付能力的，可以根据有关法律、法规的规定，为职工建立补充医疗保险和补充养老保险（企业年金）制度，相关费用应当按照国家有关规定列支。

第三十九条 金融企业为职工缴纳住房公积金以及职工住房货币化分配的处理，按照国家有关规定执行。

工会经费按照国家规定的比例提取，拨交工会使用。

职工教育经费按照国家规定的比例提取，用于职工教育和职业培训。

第四十条 金融企业应当依法缴纳行政事业性收费、政府性基金以及使用或者占用国有资源的费用等。

金融企业有权拒绝没有法律、法规和规章依据，或者超过法律、法规和规章规定范围和标准的收费。

第四十一条 金融企业根据经营情况支付必要的佣金、手续费等支出，应当签订合同，明确支出标准和执行责任。除对个人代理人外，不得以现金支付。

第七章　收益、分配

第四十二条　金融企业经营业务范围内的各项收入和其他营业收入、营业外收入，应当在依法设置的会计账簿上按照国家有关规定统一登记、核算，不得存放其他单位，或者以任何理由坐支。

投资者、经营者及其他职工履行本单位职务所得收入，包括业务收入以及对方给予的佣金、手续费等，全部属于金融企业，应当纳入账内核算，不得隐匿、转移、私存私放、坐支或者擅自用于职工福利。

第四十三条　金融企业发生年度亏损的，可以用下一年度的税前利润弥补；下一年度的税前利润不足以弥补的，可以逐年延续弥补；延续弥补期超过法定税前弥补期限的，可以用缴纳所得税后的利润弥补。

第四十四条　金融企业本年实现净利润（减弥补亏损，下同），应当按照提取法定盈余公积金、提取一般（风险）准备金、向投资者分配利润的顺序进行分配。法律、行政法规另有规定的从其规定。

法定盈余公积金按照本年实现净利润的10%提取，法定盈余公积金累计达到注册资本的50%时，可不再提取。

从事银行业务的，应当于每年年终根据承担风险和损失的资产余额的一定比例提取一般准备金，用于弥补尚未识别的可能性损失；从事其他业务的，应当按照国家有关规定从本年实现净利润中提取风险准备金，用于补偿风险损失。

以前年度未分配的利润，并入本年实现净利润向投资者分配。其中，股份有限公司按照下列顺序分配：

（一）支付优先股股利；

（二）提取任意盈余公积金；

（三）支付普通股股利；

（四）转作资本（股本）。

资本充足率、偿付能力充足率、净资本负债率未达到有关法律、行政法规规定标准的，不得向投资者分配利润。

任意盈余公积金按照公司章程或者股东（大）会决议提取和使用。

经股东（大）会决议，金融企业可以用法定盈余公积金和任意盈余公积金弥补亏损或者转增资本。法定盈余公积金转为资本时，所留存的该项公积金不得少于转增前金融企业注册资本的 25%。

第四十五条 金融企业根据有关法律、法规的规定，经股东（大）会决议，可以对经营者和核心技术人员、核心管理人员实行股权激励。

经营者及其他职工以劳动、技术、管理等要素参与收益分配的，分配办法应当符合有关法律、法规和政策的规定，经股东（大）会决议后，区别以下情况处理：

（一）取得股权的，与其他投资者一同分配利润；

（二）没有取得股权的，在相关业务实现的利润限额和分配标准内，从当期费用中列支。

第八章 重组、清算

第四十六条 金融企业根据有关法律、法规的规定，可以通过分立、合并等方式进行重组。

实施重组应当进行可行性论证，履行规定程序，组织开展财产清查，聘请会计师事务所进行审计、资产评估机构进行资产评估，组织与债权人协商，制订债务处置或者承继、股权设置、资本重组的实施方案。

第四十七条 金融企业分立，应当按照资产相关性或者业务相关性原则分割财产、承担债务，并明确分立后的产权关系。

对不能分割的财产，在评估的基础上，经各方协商，由拥有财产的一方给予其他方经济补偿。

第四十八条 金融企业合并，应当由合并后存续的金融企业或者新设的金融企业承继合并各方的债权、债务，并明确合并后的产权关系。

金融企业合并净资产超出注册资本的部分，作为资本公积；少于注册资本的部分，应当变更注册资本或者由投资者补足出资。

对资不抵债金融企业以承担债务方式合并的，合并方应当采取重整措施，按照合并方案履行偿债义务。

第四十九条 金融企业实行托管经营，应当签订托管经营合同，明确被托管企业的财务状况、托管经营目标、托管财产处置权限以及收益分配办法等，并落实财务监管责任。

受托金融企业应当根据托管经营合同制定相关方案，重组托管金融企业的财产与债务、调整业务、安置职工。

托管经营合同没有约定且未经托管金融企业股东（大）会同意，受托金融企业不得擅自改组、改制、转让托管金融企业，不得非法转移托管金融企业的财产和业务，不得以托管金融企业名义或者以托管财产对外担保。

第五十条 金融企业进行重组时，对已占用的国有划拨土地应当按照有关规定进行评估，履行相关手续后，区别以下情况处理：

（一）继续采取划拨方式的，可以不纳入资产管理，但应当明确划拨土地使用权权益，并按规定用途使用，设立备查账簿登记；

（二）采取作价入股方式的，将应缴纳的土地出让金转作国家资本，形成的国有股权由重组前的国有资本持有单位或者财政部门确认的单位持有；

（三）采取出让方式的，由金融企业购买土地使用权，支付出让费用；

（四）采取租赁方式的，由金融企业租赁使用，租金水平参照银行同期贷款利率确定，并在租赁合同中约定。

金融企业进行重组时，对已占用的特许经营权等国有资源，依法可以转让的，比照前款处理。

第五十一条 金融企业重组过程中，对拖欠职工的工资和医疗、伤残补助、抚恤费用以及欠缴的基本社会保险费、住房公积金、工会经费等，应当以金融企业现有资产优先清偿。

第五十二条 金融企业被责令关闭、依法破产或者经营期限届满终止经营或者解散的，应当按照国家法律、行政法规和金融企业章程的规定实施清算。

金融企业自愿清算的，由金融企业股东（大）会决议后执行。

金融企业依法进行清算，应当对非货币财产进行资产评估。

第五十三条 金融企业的清算财产支付清算费用后，按照国家有关法律、行政法规规定的顺序清偿债务。

第五十四条 金融企业清算完毕，应当编制清算报告，聘用会计师事务所审计，并将清算报告和审计报告报投资者决议或者人民法院确认后，向相关部门、债权人以及其他利益相关人通告。

第五十五条 金融企业与职工解除劳动合同，应当按照国家有关规定支付职工经济补偿金，除正常经营期间发生的列入当期费用以外，应当区别以下情况处理：

（一）重组中发生的，依次从未分配利润、盈余公积、资本公积、实收资本中支付；

（二）清算时发生的，以扣除清算费用后的清算财产优先清偿。

第九章 财务信息

第五十六条 金融企业应当在会计电算化的基础上，整合业务和信息流程，推行财务管理信息化，逐步实现财务、业务相关信息一次性处理和实时共享。

第五十七条 金融企业应当根据有关法律、行政法规的规定，以及财政部的统一要求编制中期财务会计报告和年度财务会计报告，并通过内部审核，在规定期限内向财政部门以及其他与金融企业有关的使用者报送，不得拒绝、拖延财务信息的披露。

第五十八条 金融企业报送的年度财务会计报告应当经会计师事务所审计。

金融企业不得编制和对外提供虚假的或者隐瞒重要事实的财务信息。

金融企业负责人对本企业财务信息的真实性、完整性负责。

第五十九条 财政部门应当建立健全金融企业财务评价制度，对金融企业资本充足状况、偿付能力状况、资产质量状况、盈利状况和社会贡献等进行评价。评价结果作为制定有关金融企业财务管理政策和考核有关金融企业的依据。

金融企业应当按财务评价制度的要求，对财务状况和经营成果进行总结、评价和考核。

第六十条 财政部门及其工作人员应当履行保密义务，谨慎、合法地保管、使用金融企业提供的财务信息，不得利用未公开的财务信息牟取利益或者损害金融企业利益。

第十章 罚 则

第六十一条 金融企业有下列情形之一的，由财政部门责令限期改正，或者予以通报批评：

（一）不按规定提交设立、变更文件的；

（二）财务风险控制未达到规定要求的；

（三）筹集和运用资金不符合规定要求的；

（四）不按规定开设和管理资金账户的；

（五）资产管理不符合规定，形成账外资产的；

（六）不按规定列支经营成本、费用的；

（七）不按规定确认经营收益的；

（八）不按规定计提减值准备、提留准备金、分配利润的；

（九）不按规定处理财政资金、国有资源的；

（十）不按规定顺序清偿债务、处理财产的；

（十一）不按规定处理职工社会保险费、经济补偿金的；

（十二）其他违反金融企业财务管理有关规定的。

第六十二条 金融企业有下列情形之一的，由财政部门责令限期改正，并对金融企业及其负责人和其他直接责任人员给予警告：

（一）不按照规定建立内部财务管理制度的；

（二）内部财务管理制度明显与国家法律、法规和统一的财务管理规章制度相抵触，且不按财政部门要求修改的；

（三）不按照规定提供财务信息的；

（四）拒绝、阻扰依法实施的财务监督的。

第六十三条 金融企业违反本规则，有关法律、法规另有规定的，依照其规定处理、处罚。

财政部门在依法实施财务监督中，对不属于本部门职责范围的事项，应当依法移送相关管理部门。

第六十四条 财政部门工作人员在履行财务管理职责过程中滥用职权、玩忽职守、徇私舞弊，或者泄露国家秘密、商业秘密的，依法进行处理。

第十一章 附　　则

第六十五条 各省、自治区、直辖市、计划单列市财政部门可以依据本规则和财政部的其他规定，结合本地区金融企业实际，制定具体的实施办法，报财政部备案。

第六十六条 本规则自2007年1月1日起施行，《金融保险企业财务制度》（〔93〕财商字第11号）、《保险公司财务制度》（财债字〔1999〕8号）、《证券公司财务制度》（财债字〔1999〕215号）、《金融资产管理公司财务制度（试行）》（财金〔2000〕17号）同时废止。